NICLAS LAHMER

BRIEFE VON SENECA

33 MODERNE BRIEFE, DIE DEIN LEBEN VERÄNDERN WERDEN

NICLAS LAHMER

BRIEFE VON SENECA

33 MODERNE BRIEFE, DIE DEIN LEBEN VERÄNDERN WERDEN

Bibliografische Information der Deutschen Nationalbibliothek
Die Deutsche Nationalbibliothek verzeichnet diese Publikation in der Deutschen Nationalbibliografie. Detaillierte bibliografische Daten sind im Internet über http://dnb.d-nb.de abrufbar.

Für Fragen und Anregungen:
info@finanzbuchverlag.de

Originalausgabe, 1. Auflage 2023

Türkenstraße 89
80799 München
Tel.: 089 651285-0
Fax: 089 652096

Redaktion: Anne Büntig
Korrektorat: Manuela Kahle
Umschlaggestaltung: Marc-Torben Fischer
Umschlagabbildung: Chris de Billot/shutterstock.com
Satz: Satzwerk Huber, Germering
Druck: GGP Media GmbH, Pößneck
Printed in Germany

ISBN Print 978-3-95972-712-9
ISBN E-Book (PDF) 978-3-98609-373-0
ISBN E-Book (EPUB, Mobi) 978-3-98609-374-7

Weitere Informationen zum Verlag finden Sie unter:

www.finanzbuchverlag.de

Beachten Sie auch unsere weiteren Verlage unter www.m-vg.de

Für Leah
Eines Tages wirst du es verstehen

INHALT

EINLEITUNG

»Die Zeit wird kommen, wo unsere Nachkommen sich wundern, da wir so offenbare Dinge nicht gewusst haben.«

Lucius Annaeus Seneca

Stellen Sie sich vor, dass Sie einen entfernten Onkel hätten, der für seine Weisheit, seinen Erfolg und seinen großartigen Charakter auf dem gesamten Kontinent berühmt wäre. Nun stellen Sie sich vor, dass dieser Onkel Ihnen regelmäßig Briefe schreibt, in denen er Ihnen seine Prinzipien für ein erfolgreiches, glückliches, gesundes und gutes Leben mitteilt. Der römische Staatsmann und Philosoph Lucius Annaeus Seneca war genau so ein Mann. Seneca wurde ein Jahr nach Christus in Córdoba, einer Stadt im heutigen Spanien, geboren. Er war einer der mächtigsten und reichsten Männer seiner Zeit. Bekannt wurde Seneca aber nicht nur für seine wirtschaftlichen und politischen Erfolge, sondern für seine Reden, seine Philosophie und seine Schriften. Tatsächlich war Seneca einer der berühmtesten Redner und Denker der Antike. Womöglich wurde Seneca überhaupt erst so erfolgreich, weil er seine Prinzipien, die Philosophie der Stoa, in sein Leben integrierte, nach ihnen lebte und sogar nach ihrem Leitbild starb.

Das Leben des Stoikers war zwar von Erfolg, Ruhm und Weisheit geprägt, doch war es gewiss kein leichtes Leben. Seneca litt unter Asthma und chronischer Bronchitis, weshalb er viele Jahre in Ägypten leben musste, wo ein für seine Gesundheit zuträglicheres Klima herrschte. Nachdem Seneca nach Rom zurückgekehrt war, wurde er an den Hof des Kaisers bestellt. Seneca sollte mit der Aufgabe betraut werden, den jungen Lucius zu unterrichten. Es war im antiken Rom üblich, dass Mitglieder der Oberschicht Philosophen als Privatlehrer für Ihre Nachkommen verpflichteten. So bat Agrippina, die die Chancen für das Amt des Kaisers für ihren unbändigen Sohn Lucius sah, Seneca, den Jungen als Lehrer und Mentor zu unterweisen. Wie wir heute wissen, hatte Seneca keinen großen Erfolg bei Lucius, welcher später als der drakonische Kaiser Nero bekannt wurde. Neros Herrschaft sollte blutrünstig und chaotisch verlaufen. Seneca vermochte es nicht, den zukünftigen Kaiser zu bändigen oder zu erziehen. Neros wahnhaftes und krankes Verhalten hatte den Tod vieler zur Folge. Selbst Seneca konnte die kommenden Gräueltaten Neros nicht vereiteln.

Weder Ruhm noch Ehre, Reichtum, Verlust, Trauer oder sein Besitz übermannten Senecas Charakter.

Im Laufe seines Lebens wurde Seneca aus Rom verbannt, in Intrigen am römischen Kaiserhof verwickelt und zuletzt von Kaiser Nero zum Tode verurteilt. Er verlor noch vor der Verbannung seine erste Ehefrau und einen Sohn, und durch die Verbannung seine Titel, seine Ämter, seine Besitztümer und sein Ansehen, auch wenn er diese einige Jahre später wieder zurückerlangte. Das Großartige an Seneca war jedoch, dass weder Ruhm noch Ehre, Reichtum, Verlust, Trauer oder sein Besitz seinen Charakter übermannten, ihn abhängig werden ließen oder ihn zu Höhenflügen verführten. All diese Dinge vermochten es nicht, sein Ego zu überflügeln und ihn zu korrumpieren. Obwohl Seneca all diese schrecklichen Dinge passierten und er gewiss ein Mann mit Fehlern war, so lebte er doch ein außergewöhnliches Leben, dessen Prinzipien noch heute, gut 2000 Jahre nach ihm, die Menschen inspirieren und begeistern. Trotz all der Niederlagen und dem Leid, dem er begegnen musste, lebte Seneca ein gutes und erfolgreiches Leben.

Seinem Freund Lucilius schrieb Seneca Dutzende Briefe, in denen er seine Weisheit und die Philosophie der Stoa mit ihm teilte. Auch Marcia, der Tochter des Historikers Cremutius Cordus, schrieb Seneca, nachdem diese ihren Sohn verloren hatte. Seine Trostschriften an Marcia wurden weltberühmt und bieten noch heute aktuellen Rat für den Umgang mit Tod und Trauer. Stell dir nun also vor, dass eine moderne Version Senecas, ein entfernter Onkel, regelmäßig Briefe an dich schreibt, in denen er all sein Wissen und seine Weisheiten mit dir teilt. Weisheiten, die dir dabei helfen können, erfolgreich, wohlhabend, gesund und glücklich zu werden. Dieses Buch ist eine Sammlung von 33 solcher Briefe. Moderne Briefe von Seneca für dich.

Die Kunst des Briefeschreibens scheint in den Jahren des digitalen Fortschritts verloren gegangen zu sein. Wann hast du den letzten persönlichen Brief auf Papier erhalten? Ich meine damit einen Brief, dessen Worte klug und für dich gewählt wurden und die dein Herz bewegen sollten, statt nur von deinen Augen gelesen zu werden. In unserer tweetenden, twitternden und tindernden Welt versuche ich mich dennoch regelmäßig darin, nicht nur eine bloße Kurznachricht zu versenden, sondern stattdessen einen echten Brief zu formulieren.

Wenn ich selbst gelegentlich einmal einen solchen Brief erhalte, erfreue ich mich mehr an ihm, als an einer weiteren kurzen Nachricht auf dem Mobiltelefon. Geht es dir nicht genauso?

Das Wundervolle an Briefen ist die Kürze und Intensität.

Das Wundervolle an Briefen ist die Kürze und Intensität. Bereits auf einigen wenigen Seiten kannst du zu einem bestimmten Thema oder Gedanken Wesentliches festhalten und teilen. So tat es auch der historische Seneca und so soll es auch dein moderner Seneca für dich tun.

In diesen Briefen bekommst du Antworten auf deine Fragen zu den Themen Wohlstand, Liebe, Verlust, Trauer, Tod und Freundschaft. Auf der einen Seite wirst du mit praktischen und direkt nutzbaren Weisheiten ausgestattet, auf der anderen Seite musst du dafür nicht unzählige dicke Wälzer antiker Philosophen studieren. Du kannst die Briefe Senecas linear lesen, bei dem ersten Brief beginnen und mit dem letzten enden. Du kannst jedoch auch jeweils den Brief heraussuchen, der für deine jeweilige Lebenslage gerade am geeignetsten erscheint. Nutze die Briefe Senecas so, wie es dir am besten erscheint.

Obwohl die Briefe in diesem Buch auf den Weisheiten und Schriften einer realen Person beruhen, sind sie doch einem fiktiven Seneca entsprungen. Als Schriftsteller erlaube ich mir, diesen Seneca auch Menschen der Neuzeit zitieren zu lassen oder Stoiker, die vor oder nach ihm gelebt haben. Beispielsweise möchte ich dir die großartigen Worte von Marcus Aurelius, dem Philosophenkönig, einem der erfolgreichsten Stoiker der jemals lebte, nicht vorenthalten. Marcus Aurelius, der im Jahre 121 nach Christus geboren wurde, bewunderte vor allem die Schriften des Stoikers Epiktet, dessen Weisheiten hier ebenfalls ihren Platz finden werden. Seneca war zu Zeiten der Regentschaft von Marcus Aurelius jedoch in Wirklichkeit bereits lange zu Asche zerfallen. Als moderner Schriftsteller sage ich dazu: »Na und?« Mögen sich doch die gelehrten Philosophen über meine historische Großzügigkeit echauffieren.

Senecas Originaltexte umfassen fast 700 Seiten. Ihre Lektüre ist sehr empfehlenswert, aber auch anspruchsvoll. Im vorliegenden Buch möchte ich dir die antiken Weisheiten in moderner Form präsentieren, sodass du sie als Mensch der heutigen

Zeit für deinen persönlichen und beruflichen Erfolg direkt nutzen kannst. Du wirst merken, dass Senecas Philosophie aktueller kaum sein könnte und dir dabei helfen kann, ein wirklich gutes Leben zu führen.

Letztendlich ist mein Ziel, mit diesen Zeilen etwas zu bewegen, Senecas Weisheiten etwas moderner zu präsentieren, zu zeigen, dass seine Worte und Philosophie aktueller kaum sein könnten und dir dabei helfen werden, ein wirklich gutes Leben zu leben, das du eines Tages mit den Worten beenden kannst: »Das war eine endgeile Zeit. Danke.« In unserer heutigen Zeit suchen wir meist Rat bei Freunden, der Familie oder auch bei der entsprechenden modernen Literatur, zu der ich selbst bereits mehrfach beigetragen habe. Ratgeber sind in Mode, keine Frage. Nicht nur weil Sie mit dem Trend der Zeit gehen, sondern weil die Menschen auch heute noch ein gutes Leben führen möchten. Aller digitaler, technologischer und wirtschaftlicher Vorsprung, den wir erlebt haben, hat doch nichts daran geändert, dass wir vor allem eines wollen: Leben! So leben, dass wir eines Tages von uns behaupten können, dass wir ein glückliches und gutes Leben gelebt haben. Vor 2000 Jahren war dies nicht anders. Nur die Art und Weise, wie wir nach diesem ominösen Glück suchen, hat sich verändert. In der Antike gab es einen Studiengang des guten Lebens – wenn man ihn so nennen will. Das mag heute seltsam klingen, aber damals studierten viele Menschen Philosophie.

Mit diesem Studiengang assoziieren wir heute Leute in Korksandalen, die von einer bunten Utopie schwärmen und statt echter Arbeit eher wilden Fantasien nachjagen. Die Vorstellung, Philosophie zu studieren, erscheint den meisten eher abwegig. Tatsächlich brauchen wir gar kein Hochschulstudium, um uns der Philosophie zuzuwenden. Das können wir neben unserer schulischen Laufbahn, dem Studium, der Ausbildung oder unserem Beruf tun. Das soll jedoch nicht bedeuten, dass ein akademisches Studium der Philosophie Mumpitz wäre. Die Philosophie ist in erster Linie ein Leitfaden, um mit den Widrigkeiten des Lebens gut umzugehen. Das Wort »gut« klingt jedoch sehr allgemein und wenig glanzvoll. Was also meinten die Philosophen der Antike damit, wenn Sie vom guten Leben sprachen? Die Philosophie des guten Lebens hat Zenon von Kition etwa 300 vor Christus ins Leben gerufen. Zenon war ein Kaufmann im antiken Griechenland, der mit seinem Schiff auf einer Geschäftsreise teure Waren transportierte, als sein Schiff sank und all seine Fracht verloren ging. Es gibt verschiedene Quellen, die diesen Hergang in verschiedener Weise darstellen. Die einen schreiben von einem Sturm, die anderen davon, dass Zenon nur vom Untergang seines Schiffes erfuhr, als er selbst bereits in Athen war. Unabhängig von der Anzahl verschiedener Quellen und Geschichten landete Zenon nach dem Verlust all seiner Güter und Waren lebendig in Athen, wo er sich der Philosophie zuwendete. Wahrscheinlich vom Verlust seines Glücks und seines Vermögens geplagt, suchte Zenon nach Antworten auf die Frage nach einem guten Leben.

Es heißt, dass Zenon bereits vor seiner letzten Fahrt mit seinem Schiff das Orakel um Weisheit bat und fragte, wie er ein gutes Leben führen könne. Das Orakel von Delfi soll ihm geantwortet haben: »Um das bestmögliche Leben zu leben, solltest du dich mit den Toten unterhalten.« Zenon suchte daraufhin nach den Weisheiten der Toten in Büchern. Auf diesem Weg erfuhr er von Sokrates und dessen Philosophie. Überrascht und überaus begeistert lief Zenon in eine Buchhandlung und fragte den dortigen Verkäufer nach noch lebenden Männern, die so inspirierend und weise seien wie Sokrates selbst. Der Buchhändler verwies Zenon an Krates von Theben. Durch ihn lernte Zenon verschiedene philosophische Grundideen und Gedanken kennen. Jahre vergingen, bis Zenon seine eigenen Gedanken über das gute Leben in der Stoa Poikile, einer bemalten Säulenhalle, verkündete. Seine Schüler nannten sich nicht Zenoniker, sondern Stoiker – aufgrund der Säulenhalle Stoa.

Der Stoizismus war somit in Athen begründet und wurde in den darauffolgenden 300 Jahren zu einer der wichtigsten und dominantesten philosophischen Schulen der Antike. Doch erst im antiken Rom fand sie ihren Höhepunkt. Es waren Philosophen wie Musonius Rufus, Epiktet (auch bekannt als Epiktetus), der Kaiser Marcus Aurelius höchstpersönlich und auch Lucius Annaeus Seneca, die den Stoizismus in seine Blütezeit führten. Der Stoizismus war jahrhundertelang eine Philosophie, die sich in allen Schichten der Bevölkerung größter Beliebtheit erfreute. Dies lag vor allem daran, dass jeder Mensch sie anwenden konnte, denn die Ideen der Stoa waren kein lebensfernes, theoretisches Konstrukt.

Epiktet, der den Stoizismus als Sklave kennen lernte, später freigesprochen wurde und eine stoische Schule gründete, ist ein vortreffliches Beispiel für einen großen Mann, der aus der untersten Schicht der römischen Bevölkerung kam. Marcus Aurelius, Kaiser Roms, mächtigster und reichster Mann der damaligen bekannten Welt hingegen ist das Paradebeispiel für einen Mann der Oberschicht, der den Stoizismus als seine persönliche Philosophie betrachtete und durch ihre Anwendung zu Ruhm, Reichtum und Erfolg kam. Es ist die praktische und noch heute höchst relevante Art des Stoizismus, sich mit den Fragen des Lebens auseinanderzuset-

Die Leitideen der Stoiker können uns noch heute dabei helfen, ein hervorragendes Leben zu führen.

zen und Antworten darauf zu finden, uns zu lehren, was ein gutes Leben ist und wie wir es führen können. Ob ein Leben zu hundert Prozent gemäß den Ideen des Stoizismus gelebt werden kann, ist fraglich. Klar jedoch ist, dass die Leitideen und Prinzipien der Stoiker uns heute noch dabei helfen können, ein hervorragendes Leben zu führen. Für den Stoiker ist ein gutes Leben konträr zur heutigen Lebensweise zu sehen. In unserer modernen Welt haben wir das Maximum zum Erstrebenswerten deklariert. Geprägt von der hellenistischen Philosophie des Hedonismus ist das Ziel des modernen Menschen möglichst viel Komfort, Konsum, Spaß, Liebe, Sex, Geld und Luxus. Schon von klein auf werden wir dazu gedrillt, gute Noten zu bekommen, eine gute Schule zu besuchen, einen guten Abschluss zu machen, zu studieren oder eine gute Ausbildung zu machen, um einen guten Job zu bekommen, mit dem man gutes Geld verdient, um daraufhin gut in das Rentenalter zu kommen.

Für den Stoizismus ist diese Definition von »gut« irrelevant und völlig unsinnig. Obgleich diese Dinge den Stoikern bereits vor 2000 Jahren präsent waren, erschienen sie ihnen dennoch überflüssig für ein gutes Leben. Epiktet etwa meinte, dass alles, was wir für ein gutes Leben brauchen, von uns ausgehe. Schließlich sind es unsere Handlungen, die unser Leben und unsere Ergebnisse bestimmen. So banal es auch klingen mag, aber für die Taten und Handlungen anderer Menschen können wir nichts. Sie liegen außerhalb unserer Kontrolle. Epiktet sprach von der sogenannten Dichotomie der Kontrolle. Demnach liegen alle Dinge dieser Welt entweder außerhalb oder innerhalb unserer Kontrolle. Legen wir unseren Fokus auf all die Dinge, die außerhalb unserer Kontrolle liegen, lenkt uns das ab und lässt uns unglücklich, frustriert und depressiv zurück. Der Philosoph lehrte seine Schüler, sich nur auf die Dinge im Leben zu konzentrieren, die innerhalb ihrer Kontrolle lägen. Dazu gehörten vorrangig ihre Handlungen, Aktionen, Reaktionen, Meinungen, Gefühle, Wünsche und Begierden. Warum sollten wir uns auch über die Taten oder Worte anderer ärgern und aufregen, wenn wir diese doch sowieso nicht ändern oder kontrollieren können?

Viele Menschen jammern, schimpfen und beklagen sich über andere Menschen, die Politik, den Aktienmarkt und die zu spät einfahrende Bahn, obwohl sie nichts davon kontrollieren können. Meist geraten sie dann in eine Abwärtsspirale negativer Gedanken und geben sich ihr hin. Macht man sie darauf aufmerksam, bekommt man häufig Sätze zu hören wie: »Soll ich stattdessen permanent das Lied von Glückseligkeit und *Don´t worry be happy* singen?« Auch das wäre töricht, nicht zuletzt weil jene Menschen, die ständig dem Glück nachjagen, es niemals finden. Das unablässige Gebet der positiven Gedanken und Visualisierung lähmt die Menschen und negiert alles, was nicht eitel Sonnenschein ist.

Was sollen wir also gemäß Epiktet tun, um gut zu leben? Wir müssen aufhören, uns auf all das zu konzentrieren, was außerhalb unserer Macht liegt. Stattdessen sollten wir uns zu jedem Zeitpunkt des Moments bewusst sein und uns fragen: »Liegt das innerhalb oder außerhalb meiner Kontrolle?« Wenn wir dann merken, dass etwas, das uns beschäftigt und unsere Emotionen in Wallung bringt, uns erzürnt, uns traurig werden lässt oder uns unglücklich macht, außerhalb unserer Kontrolle liegt, so müssen wir unseren Fokus wieder auf das richten, was innerhalb unserer Macht liegt. In den folgenden Briefen wirst du auch hierzu Rat erhalten, um zu lernen, wie dir

Wir müssen aufhören, uns auf all das zu konzentrieren, was außerhalb unserer Macht liegt.

dies gelingen kann. Hast du es erst einmal gelernt, wirst du bemerken, dass die Taten, Meinungen und Worte anderer Menschen dich kaum bis gar nicht mehr treffen. Eine innere Ruhe wird dich überkommen, die dich durch den ganzen Tag begleitet. Wenn du die Dichotomie der Kontrolle aktiv dein Leben gestalten lässt, wirst du nicht nur innere Ruhe und Gelassenheit erlangen, sondern du wirst auch stärker und weniger anfällig für Externalitäten. Was außerhalb deiner Kontrolle liegt, wird dich nicht mehr so schnell aus dem Gleichgewicht bringen können. Dabei wirst keine »Ist mir doch alles scheißegal«-Einstellung kultivieren, sondern die meisten der Worte, Taten und Meinungen anderer Menschen als irrelevant für deine Glückseligkeit einstufen.

Für den Stoiker waren alle Menschen miteinander und mit allem anderen verbunden, jeder ist ein Teil des großen Ganzen innerhalb dieses Universums und möglicherweise auch der nächsten Universen. Daher war es für den Stoiker zwar irrelevant, was außerhalb seiner Kontrolle lag, jedoch war es umso wichtiger, was von ihm oder ihr ausging. Innerhalb deiner Kontrolle liegen deine Taten, Handlungen, Meinungen, Wünsche, Begierden, Aktionen und Reaktionen. Das, was von dir ausgeht, muss – gemäß der Philosophie der Stoa – tugendhaft sein. Diese Tugendhaftigkeit stand über allem. Dieses Prinzip nannten die Philosophen der Stoa das Streben nach der Arete. Diesen altgriechischen Begriff können wir mit dem Streben nach einem exzellenten und tugendhaften Charakter übersetzen. Die Stoiker maßen ihr Leben nicht an ihrem Erfolg, ihrem Wohlstand, ihrem Besitz oder der Anerkennung, die ihnen zuteilwurde. Seneca, Marcus Aurelius und auch der

Die Qualität des eigenen Lebens maßen die Stoiker an ihrer Tugendhaftigkeit.

ältere Epiktet waren überaus wohlhabende Menschen, sie hatten Macht, Einfluss und Prestige im gesamten römischen Reich. All diese irdischen Annehmlichkeiten waren für den Stoiker jedoch irrelevant. Die Qualität des eigenen Lebens maßen die Stoiker an ihrer Tugendhaftigkeit. Ihr Ziel war es, so tugendhaft wir irgend möglich zu sein. Sie strebten die sogenannte Eudämonie an, auch wenn der stoische Weise – gewissermaßen der perfekte Stoiker – unerreicht blieb. Cato dem Jüngeren sagte man jedoch nach, dem Leitbild des stoischen Weisen am nächsten gekommen zu sein. Was hat es nun mit diesen Tugenden auf sich? Wenn wir heutzutage von Tugendhaftigkeit sprechen, fallen den meisten Menschen nur einige mittelalterliche Ritterfilme und fromme Prinzessinnen am Hofe der Renaissance ein. Tugendhaftigkeit liegt in unserer hedonistisch geprägten Welt nicht im Trend. In der Antike war dies anders. Vor allem für die praktizierenden Stoiker war Tugendhaftigkeit nicht nur eine Übung oder eine nette Anekdote. Im Vordergrund standen die vier Kardinaltugenden: Weisheit, Mut, Gerechtigkeit und Mäßigung. Ein Stoiker will sein Leben diesen Prinzipien unterordnen, statt seine Handlungen lediglich auf seine Emotionen abzustimmen. Der moderne Mensch würde sagen: »Heute fühle ich mich nicht danach, laufen zu gehen. Lass uns lieber auf der Couch sitzen und Chips essen.« Der moderne Mensch hat gelernt, sich nach seinen Emotionen zu richten und diese als Leitlinie anzuerkennen. Für den Stoiker waren die Emotionen lediglich ein Bestandteil seiner menschlichen Natur. Der moderne Stoiker würde heute wohl eher sagen: »Heute fühle ich mich zwar nicht danach, laufen zu gehen, doch es ist das Richtige und wird meinem Körper langfristig guttun. Wo sind die Laufschuhe?« Tugenden wie Disziplin, Mut, Gerechtigkeit, Beharrlichkeit, Ehrlichkeit und Rechtschaffenheit sind die Leitlinie für sein Leben. Lebt ein Mensch gemäß diesen Tugenden, so ist es ihm möglich, ein gutes Leben zu führen.

Doch diese Tugendhaftigkeit hat ihren Preis. Es ist nicht immer leicht, den langen Weg zu gehen, den einfachen Weg zu verneinen und stattdessen das Richtige zu tun. Oft waren die Versuchungen auch für den Stoiker enorm – die Versuchungen des Wohlstands, schöner Liebespartner und -partnerinnen, der Macht oder der Anerkennung anderer Menschen. Es ist leicht, seine Prinzipien für diese Annehmlichkeiten zu opfern. Deshalb war Mäßigung eine der vier größten und wichtigsten Tugenden für den Stoiker.

Die Philosophie vermag es, uns in den guten Zeiten auf die schlechten Tage vorzubereiten.

Stell dir eine moderne Welt mit mehr Mäßigung vor. Würden wir Menschen uns weiterhin überfressen, Übergewicht und zu wenig Sport tolerieren? Würden wir Kindern den Zugang zu pornografischen Beiträgen gestatten? Würden wir weiterhin Menschen mit anderen Religionen und Kulturen vorschreiben, wie sie zu leben haben? Würden wir die Hybris unserer Moderne weiterhin befeuern? Wäre die Mäßigung eine gelebte Tugend, so würden mehr Menschen damit beginnen, ein besseres Leben zu führen. Würden mehr Menschen sich den Tugenden der Stoiker verschreiben, so würden wir offener mit den Schwierigkeiten auf unserem Lebensweg umgehen und diesen erfolgreicher gehen. Die Philosophie der Stoa vermag es nicht, unser Leben einfach werden zu lassen. Sie vermag es aber, uns zu zeigen, wie wir erfolgreicher, gelassener, ruhiger, glücklicher und stärker durch die Zeiten kommen, die uns peinigen. Die Philosophie vermag es, uns in den guten Zeiten auf die schlechten Tage vorzubereiten, die guten zu maximieren und die schmerzhaften Zeiten tugendhaft und resilient als Gewinner zu überstehen. Der Stoizismus ist eine Lebensphilosophie, welche sich nicht auf die hedonistischen Maximen konzentriert, sondern das Formen eines exzellenten Charakters in den Vordergrund stellt.

Das Streben nach einem exzellenten Charakter war jedoch nicht nur den Stoikern vorbehalten. Fern des antiken Griechenlands verfolgte gut 1500 Jahre später ein Mann im feudalen Japan scheinbar die gleichen Prinzipien. Sein Name war Miyamoto Musashi. Er lebte, als die Familie Ashikaga ein neues Shogunat in Japan übernahm und die Muromachi-Zeit einleitete. Musashi war Samurai und hatte sein Leben den Prinzipien dieser legendären Krieger unterworfen. Sein *Buch der fünf Ringe* bietet auch heute noch wertvolle Lebensweisheiten und Ratschläge für ein gutes Leben. Viele Prinzipien der Stoa sind deckungsgleich mit den Lehren der Samurai. Das japanische Prinzip Ikigai beispielsweise ist mit der stoischen Eudämonie vergleichbar, ebenso wie die japanische Weisheit Shikita ga nai mit dem stoischen Gebot Amor Fati. Die beiden Philosophien haben viele Überlappungen und sind in vielerlei Hinsicht kongruent oder ähnlich. Doch woran liegt dies?

Ob Samurai, Stoiker, tibetanischer Mönch in einem entlegenen Kloster oder Managerin im Großstadtdschungel von New York – wir alle sind Menschen, die danach streben, unserem Leben einen Sinn zu verleihen, das Göttliche in uns und den Grund für unsere Reise in dieser Welt zu verstehen und zu meistern. Daher ist es nicht verwunderlich, dass die Stoiker nicht die einzigen Menschen innerhalb der letzten 2000 Jahre waren, die sich bestimmten Prinzipien unterwarfen, um ein großartiges Leben zu führen. Womöglich ist jedoch der Stoizismus so beliebt, weil er zu den ältesten Philosophien gehört und nach wie vor aktuell ist. Es spielt also keine Rolle, ob du dich den Prinzipien der Samurai, der Stoa oder dem Daoismus unterwirfst.

Die Stoiker waren sogar der Meinung, dass man sich nicht Stoiker nennen solle. Marcus Aurelius schrieb in seinen *Selbstbetrachtungen* davon. Er ermahnte sich, nicht darüber zu sprechen, wie man ein guter Mensch sein kann, sondern stattdessen einfach ein guter Mensch zu sein. Auch Epiktetus lehrte dies und erklärte, dass man nicht mit seiner Philosophie prahlen, sondern sie verkörpern solle. Während die Samurai stolz auf ihren Rang, ihre Rüstung und ihre Stellung waren und selbst tibetanische Mönche äußerlich als solche zu erkennen sind, war all dies für den Stoiker nicht von Belang. Der Stoiker betitelte sich niemals selbst als solcher, vielmehr verbrachte er seine Zeit damit, die Prinzipien der Stoa aktiv zu leben.

Weiterhin ist zu erwähnen, dass sich der Stoizismus in den letzten Jahrhunderten weiterentwickelt hat, vor allem während seiner Hoch-Zeit im römischen Reich in den 300 Jahren nach der Geburt Christi. Noch heute entwickelt sich die Philosophie der Stoa durch moderne Überlieferungen teilweise weiter, während man im Norden Japans immer noch alte Männer findet, die noch heute die Lehren der mittelalterlichen Samurai lehren. Der Stoizismus ist nicht verstaubt, er ist eine lebendige Philosophie, die auf der menschlichen Natur beruht. Dies macht ihn zu einer universellen Philosophie für jeden Menschen auf dieser Welt, unabhängig davon, welcher Kultur oder Religion er angehört. Für die Philosophie der Stoa spielt es auch keine Rolle, ob du

Der Stoizismus ist eine lebendige Philosophie, die auf der menschlichen Natur beruht.

weiblich, männlich, weiß, schwarz, grün, rot oder blau bist. Das Einzige, was eine Rolle spielt, ist, dass du menschlich bist.

An der Philosophie der Stoa wurde häufig kritisiert, dass sie eine gefühlslose und kalte Lebensphilosophie präsentiere und praktizierende Stoiker einer Art Sekte glichen. Ich persönlich habe aber noch keinen zahlenden Kult, keine Tempel, Kirchen und auch keine Art von Gefolgschaft um einen Weisen bei jenen Menschen gefunden, die den Stoizismus in ihr Leben implementiert haben. Im Gegenteil, der Stoiker rät von solchen Abhängigkeiten sogar ab. Auch ist die Philosophie der Stoa nicht gefühlslos. Sie ist vielmehr eine Anleitung dafür, wie wir mit unseren Gefühlen umgehen sollten und wie wir sie besser verstehen können, um uns schlussendlich selbst besser zu verstehen und zu erkennen, wer wir sind und wozu wir auf dieser Welt existieren. Da jedoch die Stoiker die Emotion, anders als die Hedonisten, nicht als das Maß aller Dinge anerkennen, glauben sie auch nicht, dass wir unser Leben nach unseren Emotionen ausrichten müssen.

Der Stoizismus ist keine Philosophie für Waschlappen.

Während uns in Seminaren und Workshops zur Persönlichkeitsentwicklung häufig dazu geraten wird, unsere emotionale Ausbildung zu vertiefen, mehr in uns hineinzufühlen und unsere Emotionen fließen zu lassen, erkennt die Philosophie der Stoa, dass die Emotion lediglich ein Bestandteil der menschlichen Natur ist, der nicht gänzlich kontrolliert werden kann. Der Stoizismus ersetzt keine Seelsorge und auch keine Psychotherapie. Er ist eine Lebensphilosophie, die uns nicht lehrt, wie wir Traumata verarbeiten, sondern wie wir gute Menschen werden, tugendhaft leben, das Beste aus uns machen, unsere Chancen erweitern, unsere Ängste bezwingen und die Widrigkeiten in unserem Leben meistern. Für jene, denen das zu kompliziert ist, sei es einfach so formuliert: Der Stoizismus ist keine Philosophie für Waschlappen.

Der Stoizismus spricht auch Themen an, die den meisten Menschen eher unangenehm oder gar morbid erscheinen. Beispielsweise ist das Thema des Todes ein zentraler Aspekt im Stoizismus. Das Prinzip Memento Mori soll uns daran erinnern, dass unser Leben eines Tages enden wird und die ablaufende Zeit uns nicht ängstigen, sondern stattdessen unsere Zeit intensiver erleben lassen soll. Für viele Menschen ist der Umgang mit dem Tod jedoch etwas Schreckliches, das es zu vermeiden gilt. Obwohl er doch unvermeidbar ist, schieben sie die Frage nach ihrem eigenen Tod oder dem geliebter Menschen in die Ferne. Das führt dazu, dass man zu Lebzeiten nicht für entsprechende Versicherungen und Testamente sorgt und dass man bereut, etwas vor dem Tod eines anderen Menschen nicht angesprochen zu haben, das einem schwer auf dem Herzen liegt.

In der Schule wird uns der Umgang mit dem Tod nicht beigebracht, und auch innerhalb der Familie wird dieses Thema möglichst umgangen. An wen sollen wir uns also wenden? In der Antike ging es einer Frau namens Marcia genauso. Marcia plagte die unvorstellbare Trauer, ihren geliebten Sohn verloren zu haben und ihn überlebt zu haben. Seneca schrieb Marcia daraufhin Briefe und lehrte sie den Umgang mit dem Tod und der Trauer. Dabei brachte er ihr vor allem die Prinzipien der Stoa im Umgang mit dem Tod nahe und half Marcia auf diese Weise, ihren Verlust zu verarbeiten.

Wir sind es gewohnt, uns bei unangenehmen Fragen an unsere Religion zu wenden. Vor dem Aufstieg des Christentums im vierten Jahrhundert suchten die Menschen jedoch Halt in der Philosophie. Interessanterweise finden wir einige der Prinzipien der Stoa noch heute im Christentum und auch im Islam, etwa die Tugendhaftigkeit oder die Naturphilosophie des mu tazilitischen Denkers an-Nazzām. Während des Aufschwungs der Religionen, vor allem des Christentums in Europa, wurde der Stoizismus fast gänzlich verdrängt. Erst in der Spätrenaissance lebte der Stoizismus durch Philosophen und Denker wie Michel de Montaigne oder René Descartes langsam wieder auf. Sogar die Ethik von Spinoza oder die Moralphilosophie von Immanuel Kant wurden maßgeblich durch die Leitideen der Philosophie der Stoa beeinflusst. Im 18. Jahrhundert war Friedrich II. vom römischen Kaiser Marcus Aurelius so sehr angetan, dass er ihn sich zum Vorbild nahm und sich selbst als den ersten Diener seines Staates betitelte. Friedrich schaffte die Folter ab, reformierte das Bildungssystem Preußens und baute es aus. Keine schlechte Sache, will man meinen. Im 20. Jahrhundert waren Männer wie Viktor Frankl, der das Konzentrationslager überlebte und als Gründer der Logotherapie gilt, sowie in jüngerer Zeit der deutsche Altkanzler Helmut Schmidt und auch der Microsoft-Gründer Bill Gates begeistert von Marcus Aurelius und dem Stoizismus. Seit einigen Jahren lebt der Stoizismus regelrecht wieder auf. Das ist einerseits der unveränderten Relevanz dieser Philosophie zu verdanken, aber auch der globalisierten Moderne und Vernetzung des Menschen durch das Internet. Womöglich darf ich meinen bescheidenen Teil in dieser Entwicklung beisteuern.

Die Philosophie der Stoa, sie sich in den 33 Briefen von Seneca offenbart, soll dir eine Unterstützung sein, wenn du gerade nicht mehr weiterweißt, nach Rat suchst oder nach einem Weg, mehr aus deinemLeben zu machen. Dabei sind die folgenden Briefe eine Hilfe zur Selbsthilfe, jedoch keine Psychotherapie. Die Briefe in diesem Buch sollen so viele Themen deines Lebens aufgreifen wie nur möglich und mit den stoischen Leitideen und Prinzipien betrachten. Sie sollen dir so von Nutzen sein, dass du die Lektionen jedes einzelnen Briefs direkt in deinem Leben anwenden kannst. Der Stoizismus ist in erster Linie eine praktische Philosophie, die gelebt und gehütet werden will. Die Briefe und die Anwendung der Prinzipien Senecas werden dir dabei helfen, eine innere Ruhe, Gelassenheit und Stärke zu kultivieren, die den meisten Menschen verwehrt bleibt.

Ein Perspektivwechsel lässt dich dein Leben anders bewerten.

Gleichzeitig wirst du Klarheit finden und viele Aspekte des Lebens aus einer anderen Perspektive betrachten. Die Briefe Senecas erfinden das Rad nicht neu, verändern jedoch deine Perspektive und deinen Blick auf die Dinge und dein Leben. Du wirst merken, dass dieser Perspektivenwechsel dich dein Leben anders bewerten lässt und es dir ermöglicht, viele Bewertungen gegenüber Dingen, die außerhalb deiner Kontrolle liegen, als irrelevant zu erkennen. Um die gesamte Kraft dieser Briefe aufzusaugen, empfiehlt es sich, sie regelmäßig zu lesen. Dieses Buch ist daher ein guter Begleiter am Morgen kurz nach dem Aufstehen oder am Abend kurz vor dem Einschlafen. In dieser Zeit ist dein Unterbewusstsein besonders zugänglich und kann die Lektionen noch intensiver aufnehmen. Am besten verinnerlichst du die Prinzipien der Stoa durch regelmäßige Wiederholungen. Erlaube dir also ruhig, die Briefe von Seneca häufiger zu lesen und über die Fragen und Ratschläge eine Zeit lang zu sinnieren. Dies war es, was die Stoiker als stoische Meditation bezeichneten. Anders als die fernöstliche Meditation hat sie nicht das Ziel, die Gedanken loszulassen, sondern einen ganz bestimmten Gedanken zu fassen, ihn ausgiebig zu durchdenken und gegebenenfalls neu zu bewerten.

So lehrte Lucius Annaeus Seneca, dass man häufig über den Tod meditieren solle, um die Angst vor ihm zu verlieren. Marcus Aurelius praktizierte die stoische Meditation mit seinem Tagebuch. In seinen *Selbstbetrachtungen* schrieb er seine Gedanken nieder, die nie für die Öffentlichkeit bestimmt waren, jedoch nach seinem Tod dennoch veröffentlicht wurden und nun mittlerweile seit Jahrhunderten ein gefragtes Werk sind.

Nimm dir also bewusst Zeit für die *Briefe von Seneca*, die stoische Meditation und die Lehren der Stoa, wenn du diese in dein Leben implementieren und von ihnen profitieren willst. Du wirst merken, dass dir die kontinuierliche und beharrliche Befolgung der Philosophie der Stoa nur Vorteile bringt und du dadurch viel über dich selbst und die Welt, in der du lebst, erfahren wirst. Du wirst schließlich die wichtigste philosophische Frage deines Lebens beantworten können: Wer bin ich?

Du wirst schließlich die wichtigste philosophische Frage deines Lebens beantworten können: Wer bin ich?

Die Philosophie der Stoa ist in erster Instanz eine Art des Lebens und kein Werkzeug, um sich mentaler Masturbation hinzugeben. Epiktetus riet uns, nicht über unsere Philosophie zu sprechen, um uns durch sie über andere zu stellen. Stattdessen sollen wir den Stoizismus so leben, dass wir automatisch zum Vorbild für all jene werden, die auch an ihrem Leben arbeiten und die Reise ihres Lebens verstehen und meistern wollen. Lass uns diese Reise nun gemeinsam bestreiten und uns auf den Weg machen, die Philosophie Senecas zu verstehen, sie zu leben und zu entfalten.

BRIEF 1: ÜBER DAS GUTE LEBEN

Lieber Leser, liebe Leserin,

die Frage nach dem Sinn des eigenen Lebens hat die Menschen seit jeher beschäftigt und bringt die Köpfe der Denker noch heute zum Rauchen. Die meisten scheinen nach diesem ominösen Sinn in ihrem Leben zu suchen, um ihre eigene Existenz zu rechtfertigen und sich selbst zu bestätigen, dass ihr Platz in diesem Leben besonders wichtig ist. Aber muss es denn einen Grund für unsere Existenz geben, der die eigene Person auf den Thron hebt und unsere Signifikanz rechtfertigt?

Die Frage nach dem Sinn des eigenen Lebens ist gigantisch. Erstens weil sie unfassbar persönlich ist und zweitens weil wir den Sinn in unserem Leben selbst wählen. Wir haben die Wahlmöglichkeit. Lass uns an dieser Stelle ein Gedankenexperiment machen. Stell dir einmal vor, es gäbe gar keinen Sinn im Leben. Alles, was das Leben von dir verlangt, ist, dass es gelebt wird. Wie du es lebst, bleibt dir überlassen. Die Götter haben dir nicht das Leben geschenkt, um einer bestimmten Aufgabe nachzukommen, außer der Aufgabe des Lebens. Ist es denn nicht so? Wenn wir unseren Weg wählen, wählen wir dann nicht auch automatisch unsere Aufgabe? Erwählen wir demzufolge nicht den Zweck unseres Lebens selbst?

Frage dich, welchen Sinn du den Dingen verleihst.

Tatsächlich wirst du für die nächsten Millionen Jahre tot sein und niemand wird sich an dich oder deine Taten erinnern. Und eines Tages wird dieses Universum sterben und ein neues wird entstehen. Die Wahrheit ist, dass alles zerfallen wird. Uns bleibt in dieser Welt nur die wenige Zeit, bis der Tod uns ereilt. In dieser Zeit wählst du frei über den Sinn deines Lebens. Wenn du also nach dem Sinn deines Lebens suchst, so frage dich, welchen Sinn du den Dingen verleihst. Frage dich: »Ist das wichtig für mich und, falls ja, warum ist es das?« Die Bedeutung des Lebens ergibt sich durch die Dinge, denen du Bedeutung schenkst. Was dir nicht wichtig ist und was für dich keine Bedeutung hat, kann auch niemals der Sinn deines Lebens werden.

Was ist dann der Sinn des Universums? Warum existiert dieser scheinbar unendlich große schwarze Raum, die Sonne, dieser Planet, die Natur, die Tiere und die Menschen, die auf ihm leben? Gibt es einen höheren Sinn für all das, wenn doch alles geboren wird, um eines Tages wieder zu sterben?

Machen wir ein zweites Gedankenexperiment. Lass mich dich fragen, ob du an das Leben nach dem Tod glaubst und, wenn ja, warum? Es gibt keine empirischen oder wissenschaftlichen Beweise für ein Leben nach dem Tod. Bisher ist niemand zurückgekommen und konnte von einer Ewigkeit berichten, die er im Paradies verbracht hat, nur weil er 70 bis 80 Jahre auf dem Planeten gut gelebt hat. Welcher Gott würde so etwas tun? Mit großer Wahrscheinlichkeit wird also der Tod das einleiten, was vor dem Leben war. Eine Zeit, an die wir uns nicht erinnern. Möglicherweise werden wir auch zu dem, was außerhalb von Materie, Zeit und Raum existiert. Niemand kann dir das mit Gewissheit sagen, auch ich vermag es nicht.

Dieses Gedankenexperiment führt uns zu unserer ersten Erkenntnis. Alles, was uns bleibt, ist dieses Leben, und dieses Leben will gelebt sein. Es will möglichst gut gelebt werden, so dass wir am Ende behaupten können, dass wir es wahrhaftig gelebt und zur Vollkommenheit geführt haben. Die Frage nach dem Sinn des Lebens beantworten wir also recht einfach: »Unser Zweck, Sinn und unsere Aufgabe ist es, das Leben gut zu leben.«

Doch wie schaffen wir das? Das gute Leben ist schwer zu greifen und sprachlich nicht mehr als eine ungenaue Bezeichnung für all das, was auf uns dort draußen warten könnte. Lebe dein Leben nicht, als sei der mangelnde Grund für die bloße Existenz ein Grund für den Nihilismus und die Negierung allen Lebens. Lebe dein Leben so, dass es tugendhaft gelebt ist, damit du eines Tages, wenn der Vorhang fällt, auf dein Leben zurückblicken kannst und sagen wirst: »Ich habe gut gelebt. Nun kehre ich heim.«

Der Weg zum guten Leben ist die Tugend. Das bedeutet Folgendes: Lebe dein Leben, indem du die Furcht verbannst, mutig und gerecht bist, andere Menschen so behandelst, als entstammten sie der gleichen Wiege wie du. Vertraue auf die Logik der Dinge, den Logos, der alles in diesem Universum zusammenhält, mit einer unendlichen Vernunft bindet und seine Gewerke weise an die Arbeit führt – Leben und Tod, Entstehung und Zerfall. Lebe dein Leben weise und teile mit anderen, was du vom Leben lernst. Halte dich selbst im Zaum, sei streng zu dir selbst und tolerant mit anderen. Unterwirf dich strengen Leitlinien, Prinzipien, die es dir ermöglichen, die Philosophie zur Entfaltung zu bringen. Sei ein Vorbild für andere, indem du vormachst, was sie nachmachen können. Sprich niemals schlecht über einen anderen Menschen und lobe niemals ungerechtfertigt. Verbringe deine Zeit damit, dich zu verbessern, und strebe danach, dich zu entwickeln, zu entfalten und das Beste aus dir zu machen,

Der Weg zum guten Leben ist die Tugend.

das du sein kannst. Achte die Meinung anderer und kritisiere mutig, aber gerecht. Achte auch das Alter und die Menschen, die nichts für dich tun können. Sprich die Wahrheit und suche nach Klarheit in deinen Worten und Handlungen. Verbringe deine Zeit mit dem Essentiellen und verschwende nicht, was dir gegeben wurde. Alles, was du in deinem Leben erreichst, erreichst du auch für Dritte. Alles, was zählt, ist, was du hinterlässt. Verbanne die Angst vor dem Tod und der Armut aus deinem Leben. Solange du die Philosophie und ihre Prinzipien lebst, mehr gibst, als du nimmst, und dich dem Dienen statt dem Nehmen verpflichtest, so wird es dir niemals an etwas mangeln. Keinem Menschen wird das Leben etwas auferlegen, das der Mensch nicht fähig ist zu ertragen. Klage also nicht über schwere Zeiten, sondern nimm sie als eine Prüfung deiner Tugendhaftigkeit und Standhaftigkeit wahr. Lerne aus deinen Fehlern, da du sonst dazu verdammt bist, sie immer wieder zu begehen. Liebe mutig, lache herzhaft und erfreue dich an allen Momenten, die das Leben dir schenkt. Lebe tugendhaft und gemäßigt. Vor allem aber, lebe so, als wäre der Tod dein ständiger Begleiter. Wenn du dann eines Tages auf ihn triffst, so begrüße ihn wie einen alten Freund und kehre in Frieden heim.

Dein Seneca

BRIEF 2: ÜBER FEHLSCHLÄGE

Lieber Leser, liebe Leserin,

warum fallen wir im Leben? Fallen wir, um wieder aufzustehen und einfach weiterzumachen? Es ist leicht, anderen nach Rückschlägen oder Niederlagen zu raten, einfach wieder aufzustehen und weiterzumachen. Noch leichter ist es, liegen zu bleiben und aufzugeben. Die Toleranz gegenüber der endgültigen Niederlage durch Kapitulation ist eine der größten Sünden unserer Zeit.

Nein, wir fallen nicht im Leben, um bloß wieder aufzustehen. Wir fallen, um zu lernen. Dort, wo du nicht wieder aufstehst, kann es für dich keinen Fortschritt geben. Jede Niederlage, jeder schlechte Tag, jede Ablehnung und der fehlende Glaube anderer ist nur noch ein weiterer Grund für dich weiterzumachen, etwas Neues zu lernen und es wieder zu versuchen. Die Wahrscheinlichkeit, dass alle deine Unterfangen von Beginn an erfolgreich werden, ist sehr gering. Schon Kaisern und Königen erging es so. Warum sollte es also bei dir anders sein?

Die größte Niederlage ereilt jene, die nicht ihr absolut Bestes gegeben haben.

Nimm deshalb den Fehlschlag und die Niederlage als eine neue Chance an. Klage nicht über den Verlust oder deine Fehlschläge, sondern sage dir: »Nun habe ich einen weiteren Weg kennen gelernt, wie es nicht funktionieren kann.« Frage dich anschließend: »Was habe ich aus meiner Niederlage gelernt, und wie kann ich diese nun in einen Erfolg verwandeln?«

Die größte Niederlage ereilt jene, die nicht ihr absolut Bestes gegeben haben, denn sie haben bereits verloren, bevor sie begonnen haben. Verloren sind auch all jene, die vor Angst niemals an der Startlinie angetreten sind. Unabhängig davon, was du dir vornimmst, sei mutig genug, um zu beginnen. Wenn du mit deinem Unterfangen erst einmal begonnen hast, so ist es deine Pflicht, einen exzellenten Charakter zu beweisen, dein Bestes zu investieren und mit Tugendhaftigkeit zu agieren. Sei also diszipliniert, fleißig und klar in deinen Absichten wie ein Seemann. Denn auch für einen Seemann, der nicht weiß, welches Ufer er ansteuern will, wird kein Wind jemals der richtige sein.

Beginne jedes deiner Unterfangen wie folgt: Erstens, plane wohin du willst und was du zu erreichen gedenkst. Stell dir in deinem Geist vor, wie du an die Arbeit gehst, dein Projekt beginnst und dein Ziel erreichst. Fühle den Erfolg schon heute. Zweitens, habe ein klares Ziel vor Augen und mach dir bewusst, dass dein Weg zum Ziel voller Widrigkeiten und Fehlschläge sein wird. Sag dir bereits vor Beginn deines Unterfangens: »Ich werde auf dem Weg Niederlagen und furchtbaren Widrigkeiten ausgesetzt sein. Ich werde meinen Mut und meine Lust verlieren. Ich werde verführt werden aufzugeben.« Fahre fort mit den Worten: »Doch dies kann mich nicht bezwingen, solange ich tugendhaft bin und einen exzellenten Charakter beweise. Dieser Weg ist eine Übung für mich.« Drittens, nimm die Widrigkeiten und Fehlschläge als Lektion und frage dich: »Was kann ich durch diesen Fehlschlag lernen?« Frage dich außerdem: »Ist dieser Fehlschlag denn wirklich so katastrophal, wie ich es derzeit glaube, oder trügen meine jetzigen Emotionen meine Vernunft?« Erkenne, dass kein Fehlschlag für die Ewigkeit ist, solange du ihn nicht zum Ende deiner Reise erklärst.

Du verlierst erst, wenn du dich geschlagen gibst. Du wirst die Niederlage erst erleben, wenn du aufhörst zu kämpfen. Jeder Fehlschlag ist ein wunderbares Training, um Resilienz und innere Stärke aufzubauen. Fest und stark ist nur der Baum, der unablässig Windstößen ausgesetzt war, denn erst im Kampf festigen und verstärken sich seine Wurzeln. Sieh also jede Widrigkeit als Training an. Widrigkeiten sind nichts Schlimmes. Im Gegenteil, sie sind extra für dich da, damit du sie als Chance nutzen und an ihnen dein Potenzial entfalten kannst.

Wag Großes in deinem Leben, denn wer Großes versucht, ist bewundernswert, auch wenn er fällt. Versage daher denen, die Großes versuchen und dabei stürzen, nicht deine Achtung, denn jeder der Großes versucht, beweist Tugendhaftigkeit in seinen Handlungen. Je öfter du dir in den entscheidenden Momenten, in denen Mut und Stärke gefragt ist, selbst einen Ruck gibst, desto mutiger wirst du in der Zukunft sein. Mut ist wie ein Muskel, den du trainieren kannst. Nimm jede Chance als Möglichkeit zur Entfaltung deines Potenzials. Nimm jede Niederlage und alle Fehlschläge als einen Segen an, um Neues zu lernen, dich zu verbessern und deine Tugendhaftigkeit zu stärken.

Nimm jede Chance als Möglichkeit zur Entfaltung deines Potenzials.

Willst du lernen, in gefährlichen Zeiten nicht zu zittern, so trainiere bereits vor der Gefahr, indem du deine Fehlschläge bereits kommen siehst, bevor sie eintreten. Praemeditatio Malorum nennt sich dieses stoische Prinzip. Blicke den zukünftigen Niederlagen bereits in deinen heutigen Gedanken ins Auge und frage dich: »Wird es wirklich so schlimm sein, wenn all dies verloren, kaputt und vergangen sein wird?« Erkenne, dass auch mit einer verlorenen Schlacht der Krieg nicht verloren ist. Erkenne, dass kein Verlust deinen Willen brechen kann, wenn du dem Fehlschlag nicht erlaubst, dich zu brechen. So wirst du die Angst vor der Niederlage und dem Verlust bereits vor dem Scheitern verlieren. Wenn dich die Widrigkeiten und Fehlschläge dann ereilen, wirst du sie wie einen alten Freund begrüßen und voller Gelassenheit und Ruhe sagen können: »Ich habe dich bereits erwartet.« Dann aber bleibe dran, und gib nicht auf. Nimm diese Gelegenheit an, um deinen exzellenten Charakter zu beweisen und zu verbessern. Jeder Fehlschlag ist eine Chance. Am Ende wirst du über die Zielgerade laufen und den Erfolg, für den du so hart gearbeitet hast, ernten.

Dein Seneca

BRIEF 3: ÜBER DIE ACHTSAMKEIT

Lieber Leser, liebe Leserin,

bist du ganz bei der Sache? Prosoché, Achtsamkeit, Wachheit – es gibt viele Worte dafür. Doch lass mich dich zunächst fragen: »Woher weißt du, dass du gerade wirklich am Leben bist?« Möglicherweise schläfst oder träumst du noch. Ist es nicht das tiefe Gefühl des jetzigen Moments, der dich aufleben und durchatmen lässt, der dich verstehen lässt, dass du jetzt gerade hier bist und lebst? Wenn diese Art der Wachheit und Aufmerksamkeit für den gegenwärtigen Moment so kraftvoll und lebendig ist, warum fühlst du dich dann nicht öfter so? Die Wahrheit ist, dass wir alle häufig viel zu beschäftigt sind, um uns selbst zu reflektieren, den Moment zu erleben, in diesem Moment anzukommen, stehen zu bleiben, anstatt weiterzurennen, und die Augen für einen kurzen Moment zu schließen, ohne dabei müde vom Leben zu sein. Müde sein und schlafen sind das Gegenteil von Wachheit und der eigenen Präsenz im jeweiligen Moment.

Wenn du dich dabei ertappst, durchs Leben zu hasten und keine Haltestelle in Sicht ist, dann bleib kurz stehen, unterbrich kurz deine Gedanken und sage dir: »Ich bin jetzt hier.« Lass dieses Hier und Jetzt auf dich wirken. Was nimmst du wahr? Sind es singende Vögel, der Lärm der Stadt, der ohrenbetäubende Klang deiner Gedanken oder deiner Sorgen? Bist du mit deinen Gedanken bereits im Morgen oder noch im Gestern? Distanziere dich in diesem Moment ein wenig von dir, als seist du ein

Sage dir: »Ich bin jetzt hier.«

Vogel, der über deinem Körper schwebt und betrachte deine Gedanken von oben. Du wirst merken, dass dich diese Distanz zu dir und deinen Gedanken zur Ruhe kommen lassen wird. Dann sage dir: »Jetzt bin ich hier. Was geschieht jetzt gerade wirklich?« Betrachte mit deinem Verstand das derzeitige Geschehen. Mit der notwendigen Distanz wirst du Klarheit finden und das Chaos deiner Gedanken bändigen.

Doch nutze deine Aufmerksamkeit nicht nur, um Klarheit zu erlangen, sondern auch um dich im Moment fallen zu lassen. Such dafür die Nähe zur Natur. Kannst du sehen, wie alles in Bewegung ist, sich weiterentwickelt, stirbt und neu geboren wird? Kannst du erkennen, welches große Wunder dieses Leben ist und welch großartige Welt sich vor unseren Füßen ausbreitet, uns alles gibt, was wir brauchen, um in ihr zu leben und zu wachsen? Wir sind ein Teil dieses Kosmos und der Natur. Hast du die Weisheit, um dies zu erkennen und dankbar für diesen Lebensmoment zu sein? Fang jetzt an zu leben und betrachte jeden Tag als ein ganzes Leben. Komm in diesem Moment an, bevor deine Gedanken dich in die Zukunft führen oder dich in der Vergangenheit leiden lassen.

Erlaube dir, ganz in diesem Moment anzukommen. »Wenn die Seele zur Ruhe kommt, tun es auch die anderen Dinge«, lehrte Epiktetus. Beginne damit, dich in Abgeschiedenheit der Stille zuzuwenden. Konzentriere dich dabei auf deine Atmung und nimm bewusst wahr, wie sie fließt – wie die Luft deine Lungen füllt, sie wieder verlässt und sie erneut wieder füllt. Du wirst bemerken, dass deine Gedanken abschweifen, weil du die Stille nicht ertragen kannst und deine Konzentration und Achtsamkeit noch wenig ausgeprägt sind. Erlaube dir, sie weiterzuentwickeln, indem du dich

Nimm bewusst wahr, wie deine Atmung fließt.

der Übung diszipliniert hingibst, die ich dir mit auf den Weg gebe. Wenn du es schaffst, deinen Atem fließen zu lassen und ihn nur zu beobachten, anstatt zu versuchen, ihn zu kontrollieren, dann wirst du auch in der Lage sein, die Welt mit wachen Augen zu betrachten, und Klarheit finden. Erkenne dich selbst, indem du diesen Moment erkennst. Alles, was du bist, ist jetzt.

Wer nicht achtsam ist, verliert das Leben. Wer nicht wach ist, verschläft das Leben und wer nicht aufmerksam ist, dem kann das Leben nicht »passieren«. Werde daher zu einem Beobachter des Lebens und deiner Lebensmomente. Nimm wahr und bewerte nicht. Lass deine Bewertungen und Gedanken einfach gehen. Sie sind irrelevant für die Qualität deines Lebens. Sie sind irrelevant für dein Glück, deinen Seelenfrieden und diesen Moment. Du musst deine Meinungen, Gedanken und Bewertungen nicht teilen. Lass Sie einfach wie die Wolken am Himmel weiterziehen. Beobachte einfach nur den Moment und alles, was geschieht. Nimm wahr und atme. Wenn deine Gedanken dich wieder forttragen, wiederhole nochmal in Gedanken die Worte: »Jetzt bin ich hier.«

Bei dieser Achtsamkeitsübung gibt es nichts zu verlieren und nichts zu gewinnen. Sie ist kein Wettkampf. Sei also nicht zu streng mit dir, wenn es nicht gleich beim ersten Mal klappt. Bleib stattdessen dran und übe dich regelmäßig darin, in diesem Moment anzukommen, das Leben wahrhaft zu erleben und nicht nur zu durchleben. Die Zeit wird kommen, in der es nicht nur einzelne kleine Momente sind, die dich das Leben intensiv spüren lassen. Irgendwann wirst du in der Lage sein, dein ganzes Leben in Achtsamkeit zu leben. Sei dort, wo du gebraucht wirst – im Hier und Jetzt, wo du wirklich bist.

Dein Seneca

BRIEF 4: ÜBER DIE FREUNDSCHAFT

Lieber Leser, liebe Leserin,

wenn du ein wirklich gutes Leben führen möchtest, musst du die Vorzüge wahrer Freundschaft kennen lernen. Mit einem wahren Freund oder einer wahren Freundin wirst du dich schneller weiterentwickeln, deinen Weg teilen und ihr könnt voneinander lernen. Sei daher immer offen und bereit für einen wahrhaft guten Freund in deinem Leben.

Aristoteles (384-322 v. Chr.) schrieb über die Freundschaft. Er stellte fest, dass es drei Arten der Freundschaft gibt. Die erste Art können wir als nützlich bezeichnen. Dabei handelt es sich meist um Freunde, die ausgewählt werden, um einen eigenen Vorteil zu erhalten. Hierunter magst du Geschäftsfreunde oder Ähnliches verstehen. Diese Art der Freundschaft ist sehr egoistisch und hält daher auch nicht sehr lange. Die zweite Art der Freundschaft unterhältst du mit jenen Menschen, mit denen du Spaß hast, ausgehst, feierst, ins Kino gehst oder eine gute Zeit verbringst. Solche Freundschaften beruhen auf der Freude des Zusammenseins. Doch in schwierigen Zeiten, wenn die Freude fern ist und du dich einsam fühlst, wirst du auf diese Freunde nicht bauen können. Es ist die dritte Art der Freundschaft, die dich wahrlich erfüllen wird. Sie ist, wie Aristoteles es nannte, eine Freundschaft um des Guten willen. Diese Freundschaft verbindet dich mit einem Menschen auf einer tieferen Ebene. Es ist die Art von

Es ist die dritte Art der Freundschaft, die dich wahrlich erfüllen wird.

Freundschaft, in der sich beide Menschen für ihr Sein, ihre Tugenden, Werte und Charaktereigenschaften bewundern, voneinander lernen wollen, sich aktiv über das Leben und die Lektionen des Lebens austauschen, um gemeinsam daran zu wachsen. Diese Art von Freundschaft hält in guten Zeiten, aber vor allem auch in schlechten. Einen solchen Freund nennen wir einen echten Freund. Diese Menschen scheinen selten zu sein, was schon Aristoteles vor gut 2000 Jahren feststellte. Die menschliche Natur ändert sich nicht so einfach.

Wie findet man nun solch einen Freund? Tatsächlich kannst du einen solchen Freund nicht finden. Du kannst nur von einem solchen Freund gefunden werden, indem du selbst zu solch einem Freund wirst. Werde also zu einem Menschen, der von einem Freund bewundert werden kann. Dafür hast du auch die Philosophie. Wenn du dich dein Leben lang dem Fortschritt und der Tugendhaftigkeit verpflichtest, nach Weisheit und Vortrefflichkeit strebst, wirst du automatisch Menschen in dein Leben ziehen, die diese Eigenschaften auch in sich tragen und verbessern wollen. Für sie sollst du nicht als Lehrer dienen. Du magst die Rolle eines Mentors von ihnen erhalten, doch erhebe dich nicht über sie. Sei stattdessen ein guter Freund auf Augenhöhe. Doch wie können wir ein wirklich guter Freund sein?

Schau dir die Menschen an und wie viele von ihnen massenhaft Menschen als Freunde betiteln Doch einen echten Freund haben sie nie kennen gelernt. Ein echter Freund will nicht seinen Fortschritt durch dich wahrnehmen, sondern er will seinen Fortschritt in dir sehen. Echte Freundschaft kennt keine egoistischen Ambitionen. Wenn du dich also nach solch einer Freundschaft sehnst, so erlaube dir zunächst, selbst solch

Echte Freundschaft kennt keine egoistischen Ambitionen.

ein Mensch zu werden. Warum verlangst du noch nach wahrer Freundschaft oder regst dich über den Mangel an Freundschaft, den Werteverfall und den Egoismus anderer Menschen auf, wenn du die gleiche Zeit dafür verwenden könntest, selbst ein besserer Freund zu sein, als andere Menschen es dir waren? Hast du denn nicht die Möglichkeit voranzugehen und es vorzumachen? Statt als Sinnbild für Schönheit oder Reichtum zu gelten, kannst du doch auch ein Sinnbild für Freundschaft sein, nicht wahr? Es ist leicht, von sich selbst zu behaupten: »Wer würde mich nicht gerne als Freund haben? Jeder!« Es ist hingegen viel schwieriger, einfach nur ein guter Freund zu sein.

Schau dir auch all jene Menschen an, die einen Freund suchen, um eigene Gelüste und Bedürfnisse mit dieser Freundschaft zu stillen. Solche Freundschaften solltest du vermeiden. Achte sehr darauf, mit wem du eine Freundschaft eingehst. Du wirst erkennen, dass die Menschen, die nicht nach der Vortrefflichkeit ihres Geistes und ihres Charakters streben, versuchen werden, deine ehrliche Freundschaft für ihre Zwecke zu nutzen. Doch statt sich ebenfalls so tugendlos zu verhalten und es ihnen nachzumachen, solltest du dich immer darauf konzentrieren, was innerhalb deiner Macht steht, und selbst ein guter Freund sein. Es ist leicht, darüber zu klagen, dass andere Menschen keine guten Freunde sind oder dich im Stich gelassen haben. Es ist jedoch tugendhaft, sich nur darauf zu konzentrieren, selbst ein guter Freund zu sein. Konzentriere dich darauf, was innerhalb deiner Macht steht. Es liegt an dir – nur an dir –, ein guter Mensch und ein guter Freund zu sein, auch zu jenen, die deine Freundschaft nicht würdigen.

Wenn du dich erst einmal auf den Weg gemacht hast, an deinem Charakter, deinen Werten und deiner Tugend zu arbeiten, wirst du merken, dass auch andere ein Interesse daran entwickeln werden. Es ist sogar gut möglich, dass sie dich um Rat und Unterstützung bitten werden. Ist es denn nicht eine tolle Möglichkeit, gemeinsam auf diesem Pfad zu schreiten, voneinander zu lernen, sich für den Fortschritt gegenseitig zu bewundern, sich zu schätzen und auch in den widrigen Zeiten füreinander einzustehen?

Du wirst keinen perfekten Freund finden, wenn du nicht selbst ein solcher Freund für einen anderen Menschen sein kannst. Sei dir also zunächst selbst ein guter Freund, und du wirst erkennen, dass du niemals einsam mit dir selbst sein kannst. Frag dich nicht, was ein neuer Freund oder eine neue Freundin dir geben kann, sondern frag dich, was du ihm oder ihr zu geben vermagst. Dies wird deine Perspektive verändern und du wirst merken, dass, wenn es dir um andere geht, mehr und mehr Menschen automatisch mit dir befreundet sein wollen. Viele Menschen würden sich gerne selbst ein Freund sein. Sie werden versuchen, von dir zu lernen und zu erfahren, wie sie dies ebenfalls erreichen können. Jetzt liegt es an dir zu wählen, welchen dieser Menschen du wirklich in dein Leben lassen willst. Zunächst jedoch solltest du immer mit dem Guten beginnen, das von dir ausgeht. Erinnere dich also daran: Sei zunächst ein guter Freund, bevor du nach einem guten Freund bittest. Doch vor allem: Sei dir selbst ein guter Freund.

Sei dir zunächst selbst ein guter Freund.

Dein Seneca

BRIEF 5: ÜBER DIE LIEBE

Lieber Leser, liebe Leserin,

Die Liebe ist ein Mysterium – eines der ganz großen dieser Welt. Für die Liebe sind Menschen gestorben, haben sich verschuldet, sich freiwillig versklaven und knechten lassen oder sich in den Ruin gestürzt. Die Liebe hat aber auch schon Menschen beflügelt, sie angespornt, motiviert und ihnen Hoffnung gegeben. Doch was ist Liebe, und wie erkennt man sie? Es gibt so viele verschiedene Arten von Liebe. Es gibt die Liebe zu deinen Eltern, die Geschwisterliebe, die Liebe zu deinem Vaterland, die Liebe zu einem Lebenspartner, deinen Mitmenschen oder schlicht und einfach die Liebe zu dir selbst, die Selbstliebe. »Die Liebe zu den Menschen ist Pflicht«, lehrte Epiktet. Damit meinte er nicht nur, dass sie Arbeit bedeutet, sondern auch, dass die Liebe ihren Preis hat. Den bezahlen die Liebenden zu gleichen Teilen. Wer nicht liebt, bezahlt das Fehlen der Liebe mit Reue. Kaum etwas ist schlimmer, als niemals geliebt zu haben und die Reue dafür ins hohe Alter zu tragen.

Wer nicht liebt, bezahlt das Fehlen der Liebe mit Reue.

Verwechsle niemals die Liebe mit den Wünschen oder Forderungen der Menschen. Die meisten Menschen finden für die Liebe Gründe und Bedingungen zugleich. Sie glauben zu lieben, doch ihr Gefühl von Liebe ist aus der Angst heraus entstanden. Sie sagen, dass die Liebe Bedingungen habe und sie ohne die Erfüllung ihrer Wünsche nicht lieben könnten. In erster Linie behaupten sie das, weil ihre Liebe zu ihren eigenen Wünschen und Bedürfnissen größer ist als die Liebe zu einem anderen Menschen. Das liegt an ihrem Ego. Sie lieben sich selbst mehr als andere. Andere Menschen sind für sie nur ein Mittel zum Zweck, um ihre eigenen narzisstischen Interessen zu rechtfertigen und auszuleben.

Das Gegenteil davon sind Menschen, die sich im Namen der Liebe für andere aufopfern und sich dabei vollkommen selbst vergessen. Sie leiden an der Liebe mehr, als dass sie ihnen helfen kann. Wer aus Angst heraus vorgibt zu lieben, kann keine wahrhaftige Liebe empfinden.

Schau dir deine Mitmenschen an. Manchmal wünschen sich Paare, wieder getrennt zu sein. Die gleichen Menschen sehnen sich dann, wenn sie ohne Partner leben, wieder die Liebe und eine Partnerschaft zurück. Sie wünschen sich immer das, was ihnen gerade fehlt. Verwechsle nicht die Liebe mit deinen Wünschen. Ersteres entspringt der Tugend, für andere da zu sein. Zweiteres entspringt der Lust, seine eigenen Bedürfnisse erfüllt zu bekommen.

In deiner Macht liegt es nur zu lieben. Fordere keine Liebe von anderen, denn wahre Liebe ist ein Geschenk von anderen und hat keinen Preis, der jemals bezahlt werden müsste. Liebe ist kostenlos, aber nicht umsonst. Gib also niemals vor zu lieben, wenn du nicht bereit bist, die Liebe zu zeigen, ohne über sie zu sprechen oder deine Liebe zu loben. Nimm keine scheinbare Liebe an, wenn diese an Bedingungen geknüpft ist. Liebe ist nicht laut. Sie ist leise, und du wirst sie in den kleinen Momenten des Lebens erkennen, wenn du richtig hinsiehst.

Wahre Liebe ist ein Geschenk von anderen und hat keinen Preis.

Du wirst erkennen, dass die meisten Menschen ihre Wünsche hinter dem Vorsatz der Liebe verbergen. Doch dies ist keine Liebe. Es sind lediglich Wünsche. Wünsch dir keine Liebe in deinem Leben, sondern liebe stattdessen. Du wirst merken, dass die Liebe, die du schenkst, tausendfach zu dir zurückkommen wird. Die Wege, auf denen sie dich ereilen wird, vermag ich nicht zu nennen. Wichtig ist, dass du dich ganz und gar auf das konzentrierst, was von dir ausgeht. Kannst du denn nach Liebe verlangen? Nein, du kannst sie nur geben und selbst schenken. Kannst du die Geschenke deines Lebens kontrollieren? Nein, sie liegen außerhalb deiner Kontrolle. Warum also wünschst du dir das Höchste von anderen, wenn du stattdessen doch das Höchste von dir selbst fordern könntest? Was ist also mit der Liebe zu dir selbst?

Wie oft hast du das Mittelmaß akzeptiert und toleriert, obwohl du doch eigentlich den höchsten Anspruch liebtest? Ein Schüler Epiktets schrieb im *Handbüchlein der Moral*, auch als *Enchiridion* bekannt, das eine Sammlung der Weisheiten des Stoikers enthält: »Wie lange willst du es noch aufschieben, dich der Erfüllung höchster sittlicher Ansprüche für wert zu erachten?« Ja, wie lange willst du noch warten, bis du das Beste von dir verlangst? Gehört dazu nicht auch die Liebe? Wie lange willst du also noch warten, um aus vollem Herzen heraus zu lieben und die Angst vor Zurückweisung, Ablehnung oder Enttäuschung beiseitezuschieben? Solange du dich fürchtest, kannst du nicht lieben, und wenn du erst liebst, fürchtest du dich nicht mehr. Habe keine Angst davor, verletzt zu werden. Habe keine Angst vor der Enttäuschung oder der Zurückweisung. Die Liebe zu dir selbst, wird auch diese Schmerzen lindern. Die Tugend vermag es, auch damit umzugehen.

Es wäre unangemessen, nur das Gute zu lieben.

Marcus Aurelius schrieb: »Liebe das, was dir widerfährt und zugemessen ist; denn was könnte dir angemessener sein?« Was dir im Leben widerfährt, sei es auch noch so widrig oder unangenehm, ist es wert, von dir geliebt zu werden. Friedrich Nietzsche nannte dieses Prinzip Amor Fati – Liebe dein Schicksal. Auch dies gehört zur Selbstliebe dazu. Es wäre unangemessen, nur das Gute zu lieben und das Schlechte zu verbannen. Ist denn das Widrige und Unangenehme nicht auch ein Teil deines Weges und dieser Welt? Warum wünschst du dir also manchmal, dass die Dinge leichter wären? Liebst du denn nicht auch das Leben und die Natur, die dich umgibt? Du magst sagen: »Manchmal. Das kommt darauf an, was das Leben für mich bereithält.« Kein Diamant wurde jemals ohne Druck und Härte geformt. Wenn du dich wirklich selbst lieben willst, so dass es tugendhaft und gesund ist, dann liebe auch all die Widrigkeiten in deinem Leben. Sag dir: »Den Dingen, mit denen ich durch das Schicksal verkettet wurde, denen passe ich mich an. Und die Menschen, mit denen mich das Schicksal zusammengestellt hat, die liebe ich von ganzem Herzen.«

Es ist tugendhaft und mutig zu lieben, aber feige und bedauernswert, die eigene Liebe nicht zu verschenken. Du wirst die wenigen Menschen, die deine Liebe nicht verdienen, geschwind ausmachen. Sag dir auch hier: »Dies ist eine weitere Erfahrung für mich, die ich lieben will.« Liebe dich, dein Schicksal und die Menschen in deinem Leben. Zeige ihnen täglich die Fülle deiner Liebe. Sei deinen Mitmenschen ein Vorbild, und schon bald werden auch sie so lieben wollen, wie du es tust.

Dein dich liebender Seneca

BRIEF 6: ÜBER DIE PARTNERSCHAFT

Lieber Leser, liebe Leserin,

du lebst nicht nur für dich, sondern auch für andere, für die Gemeinschaft, deine Mitmenschen und all jene Menschen, die du für eine kürzere oder längere Zeit deiner Reise als deinen Partner oder deine Partnerin ansehen wirst. Für andere zu leben, heißt, für sie da zu sein, und nicht, dein Leben für sie einzustellen. Achte in erster Linie darauf, dass du dich nicht in den Wirrungen und Leidenschaften neuer Partnerschaften verlierst.

Deine Gefühle mögen dir die Anziehung zu einem anderen Menschen bestätigen, doch sie sind trügerisch. Die Anziehung zu deinem Partner oder deiner Partnerin soll gewiss nicht durch moralische Überlegungen abgestumpft werden. Doch bedenke, dass es mehr für eine gemeinsame Partnerschaft braucht als Anziehung. Nennen wir es Kompatibilität oder eine tiefgehende Freundschaft, die nur noch durch eure Anziehung zueinander verstärkt wird. Einfach gesagt haben Beziehungen voller Anziehung ohne Kompatibilität keine Zukunft, während Kompatibilität ohne Anziehung lediglich eine freundschaftliche Partnerschaft formt, jedoch für romantische Partnerschaften nicht ausreichend ist. Es ist nicht leicht, die richtige Anziehung und Kompatibilität in einem anderen Menschen zu finden.

Es braucht mehr für eine gemeinsame Partnerschaft als Anziehung.

Häufig wirst du erkennen, dass das, was dir fehlt, dir auch nicht durch einen anderen Menschen wiedergegeben werden kann. Versuche nicht, einen Mangel in deinem Leben durch einen anderen Menschen auszugleichen. Wenn du einen Partner oder eine Partnerin für dein Leben suchst, so tue dies nicht aus egoistischen Gründen. Verlange nichts von deinem Lebensgefährten, das du nicht selbst bereit bist zu geben. Du wirst erkennen, dass du hier scheinbare Kompromisse schließen musst, da niemand dem anderen gleicht. Doch Kompromisse sind nur Momente, in denen es beiden schlecht geht. Triff stattdessen in einer Partnerschaft Vereinbarungen – eine Art von Regeln, Werten und Normen, denen ihr euch beide verpflichten wollt. Partnerschaft bedingt die Liebe, und die Liebe wächst aus der Partnerschaft. Doch Liebe ist eine Entscheidung und kein Zufall. Willst du also lieben, so liebe. Willst du geliebt werden, so schenke Liebe.

Kompromisse sind nur Momente, in denen es beiden schlecht geht.

Liebe mit Bedacht und urteile nicht nach der Liebe. Du wirst in einer Partnerschaft verletzt werden. Diese Widrigkeit und dieser Schmerz sind Teil des Lebens. So viele Menschen haben geliebt, wurden verletzt und verschlossen sich daraufhin, um nie wieder lieben zu müssen. Doch Liebe ist kein Zwang, und wahre Liebe vernichtet die Furcht. Wer fürchtet, liebt nicht, und wer liebt, fürchtet nicht. Liebe ist frei und ein Geschenk, das ein Liebender nie zurückverlangt. Wenn du also verletzt wurdest in dem, was du Liebe nennst, dann weil du erstens glaubst, verletzt worden zu sein, und zweitens, weil du nach der Liebe verlangt hast, während sie dir nicht aus freien Stücken gegeben wurde. Mach dir bewusst, dass der Verlust eines Lebensgefährten gewiss ist. Die Frage ist nur, wann. Niemand kann dir dies beantworten. Ob der Tod euch entzweit oder euer gemeinsamer Weg einvernehmlich endet, jede Partnerschaft endet in diesem Leben.

Keine Macht ist größer als die wahre Liebe und Ehrfurcht. Erlaube dir, diese Liebe zu deinem Lebensgefährten zu entfalten. Warum solltest du deine Liebe zurückhalten? Ist sie denn nicht unendlich und hast du denn nicht so viel mehr zu geben? Glaubst du etwa, dass wahrhaftige Liebe etwas vernichten könnte? Das Reich von Troja fiel nicht etwa aufgrund der Liebe von Paris und Helena, sondern wegen der Kriegstreiberei Agamemnons und des Egos seines Bruders Menelaos. Kriege wurden der Liebe gewidmet, doch geführt wurden sie aufgrund der Egos getriebener Männer. Die Liebe vermag nichts zu vernichten. Dein Ego hingegen vermag es, alles Kostbare zu zerstören, was einst aufgebaut wurde. Deshalb bedeutet Partnerschaft auch zu verzeihen und den Groll loszulassen. Loslassen ist einfach. Festhalten ist schwer. Unser Fehler ist nur, dass wir häufig beides miteinander verwechseln.

Solange du an dir arbeitest und dich der Tugend verschreibst, wirst du dies auch in eurer Partnerschaft tun. Sei gerecht und mutig in einer Partnerschaft. Wirf nicht voreilig weg, was kostbar ist. Trenn dich aber von den Dingen und Menschen, die dir nicht guttun. Erzwinge keine Partnerschaft. Lass sie sich von allein entfalten, während ihr beide in sie investiert und sie pflegt.

Sei gerecht und mutig in einer Partnerschaft.

Bedenke lange, ob du dir jemanden zum Freund oder gar zum Partner machen möchtest. Haste nicht voreilig in eine Partnerschaft. Gib dir und euch Zeit. Gute Dinge brauchen eine Weile, um sich zu entfalten, so wie eine Blume Zeit benötigt, um zu wachsen und zu gedeihen. Akzeptiere die Unvollkommenheit der Partnerschaft, so wie auch du dich noch verbessern kannst. Achte stets darauf, dass deine Partnerschaft dich darin unterstützt, dich weiterzuentwickeln. Doch stell sicher, dass auch du für deine Partnerschaft eine Unterstützung bist. Unabhängig davon, was dir und euch geschehen wird, soll die Philosophie dir den Weg weisen, so dass ihr beide aneinander eine Partnerschaft findet, die euren Weg bereichert und verschönert.

Dein Seneca

BRIEF 7: ÜBER DIE VERÄNDERUNG

Lieber Leser, liebe Leserin,

die Welt, in der wir leben, unterliegt verschiedenen Gesetzen der Natur – dazu zählen die Physik, die Ethik oder die Logik. Instinktiv versuchen wir Menschen, diese Gesetze zu verstehen. Wir wollen die Natur begreifen, andere Menschen verstehen, ihr Handeln erahnen oder gar voraussagen. Doch im Grunde genommen sind wir unser ganzes Leben lang unwissend. Obwohl die Wissenschaft mehr und mehr versucht zu ergründen, wie und warum die Dinge ihrer natürlichen Ordnung folgen, bleiben uns doch die meisten ihrer Geheimnisse verborgen. Selbst wenn der Mensch es eines Tages schaffen sollte, sich durch die Wissenschaft zu einer »gottgleichen« Figur emporzuheben, so wird uns die Macht des Universums für ewig verwehrt bleiben. Diese menschliche Hybris wird nicht ewig andauern und entweder wir werden uns selbst zu Grunde richten oder begreifen, dass sich die allermeisten Dinge dieses Lebens uns niemals erschließen werden.

Das menschliche Streben nach Fortschritt und Verbesserung ist nicht immer gesund. Sieh dir jene Menschen und Organisationen an, die danach trachten, den Menschen göttlich werden zu lassen, ihr Leben unnatürlich zu verlängern oder ihre Nachfahren klinisch zu erschaffen. Dies mag den einen oder anderen Menschen verwundern oder gar erzürnen. Doch auch diese Menschen sind ein Teil des Logos, ein Teil dieser Natur, welche wir uns gemeinsam teilen. Wie wird sich also diese Natur entwickeln, wie wird sich die Welt verändern und wo geht unsere Reise hin? Auf diese Fragen wirst du keine Antworten finden. Nur die Weisesten von uns verstehen, dass diejenigen, die scheinbar Antworten darauf haben, nur aufgrund von erhobenen Daten oder vermeintlichen Fakten versuchen, klug zu raten. Im Grunde genommen aber wissen wir gar nichts, denn für jede Regel gibt es eine Ausnahme, und das Einzige, was wir wirklich wissen, ist, dass es in unserem Leben nur eine Konstante gibt: die Veränderung.

Alles in unserer Welt unterliegt der Veränderung. Die Naturgesetze sind Veränderung. In 500 Jahren werden die Häuser, die Straßen, Menschen, Laternen und Fahrzeuge um dich herum nicht mehr existieren. Sie werden mit dem Lauf der Zeit verschwinden, zerstört werden, zerfallen, durch menschliche Hand vernichtet werden oder sterben. Alles in diesem Universum unterliegt der Veränderung, und alles ist in Bewegung. Du kannst die Sonne nicht daran hintern aufzugehen, genauso wenig wie du das Wasser dazu zwingen kannst, den Fluss hinaufzufließen. Du kannst das Altern deiner Liebsten nicht stoppen und den Tod nicht bezwingen. Diese Dinge entziehen sich deiner Kontrolle. Warum klagst du also noch über die so schnell lebende Welt und all die Veränderungen? Kannst du sie denn aufhalten? Noch gestern hast du am Strand gesessen mit der Sonne im Gesicht. Heute ist die Sonne bereits vergangen und der Strand rückt in die Ferne. Noch vorgestern hast du die Berge gesehen und die frische Luft genossen und schon heute verbergen sich die Gipfel im Dunst des Nebels vor dir. Jeder Genuss existiert nur im Jetzt. Alles, was dir bleibt, ist der Moment, denn schon in wenigen Augenblicken

Alles in diesem Universum unterliegt der Veränderung.

ist er vergangen, kehrt nicht zurück und hinterlässt nichts weiter als die Veränderung.

Etwas festzuhalten, ist sehr anstrengend. Wenn du fühlst, dass es Zeit wird, etwas loszulassen, dann lass die Dinge und Menschen gehen. Lass die Veränderung geschehen und versuche nicht, sie aufzuhalten. Loslassen ist tatsächlich leicht. Dennoch kommt es uns so vor, als würde das Loslassen den Schmerz erzeugen, dabei ist es das Festhalten, das uns leiden lässt. Lass alles in deinem Leben los, das deine Seele peinigt und ihr schadet. Bedenke, dass nur kurzfristige Schmerzen dich stärker werden lassen. Wenn deine Seele schmerzt, lass los und gib dich der Veränderung hin. Du wurdest nicht geboren, um das Leben zu kontrollieren. Du wurdest geboren, um das Leben zu leben. Leben bedeutet loslassen. Leben bedeutet Hingabe. Nicht nur die Hingabe zu deinen Aufgaben, sondern vor allem die Hingabe zur Veränderung.

Leben bedeutet loslassen. Leben bedeutet Hingabe.

Klage und weine nicht über die Dinge und Menschen, die dich verlassen, und die schnelle Veränderung. Heiße sie willkommen und erfreue dich daran. Jeder neue Tag bedeutet Veränderung und damit auch eine Chance für dich zu wachsen, Neues zu entdecken, zu erleben und zu genießen. Jeder Tag will tugendhaft gelebt werden. Erinnere dich daran, dass einem Menschen keine Veränderung auferlegt wird, die dieser Mensch nicht im Stande ist zu ertragen. Sei dir also immer gewiss, dass alles, was dir passiert, auch von dir überstanden und überlebt werden kann. Alles, was dir geschieht, hat seinen Grund. Klage nicht darüber, warum gerade dir diese schweren Zeiten auferlegt wurden. Nimm sie an. Sie sind ein Teil deines Weges, und so wird das, was dir im Weg steht, selbst zum Weg. Die Veränderung ist nichts Verkehrtes und hat ihren rechtmäßigen Platz in der Welt.

Sei dankbar für alles, was dir geschieht. Amor Fati – oder einfacher: Liebe dein Schicksal. Liebe die guten Zeiten wie auch die schlechten. Sei dankbar für die Veränderung und dass sich die Welt weiterdreht und die Dinge ihren natürlichen Lauf nehmen. Dort wo Licht ist, muss auch Dunkelheit sein und dort wo Dunkelheit herrscht, wird Licht regieren. Bis zu dem Tag, an dem sich das Blatt wieder wendet und wieder wendet und wieder wendet. Alles ist im Fluss. Alles wiederholt sich auf irgendeine Art und Weise. Alles folgt seiner logischen Ordnung, auch wenn du diese nicht immer erkennst. Du bist ein Teil dieser Welt und ein Teil dieser Veränderung. Vertraue darauf, dass alles, was dir geschieht, schlussendlich nur zu deinem Besten geschieht. Sei dankbar dafür und nimm die Veränderung an.

Dein Seneca

BRIEF 8: ÜBER DIE TUGEND

Lieber Leser, liebe Leserin,

du wurdest in eine sich stetig verändernde Welt geboren. Dir wird auffallen, dass sich die Menschen in dieser Welt an ihren Gefühlen orientieren, statt sich an Prinzipien für ein gutes Leben zu halten. Sie nennen das dann Bauchgefühl. Das ist aber nicht mit deiner Intuition zu verwechseln, die dir angeboren ist. Intuitiv weiß deine Seele, was das Richtige und das Falsche ist. Deine Gefühle hingegen führen dich häufig auf einen falschen Pfad. Gestern hast du dich vielleicht nicht nach deiner Arbeit gesehnt, sie möglicherweise vor dir hergeschoben, sie verteufelt oder gar verflucht. Doch obwohl du dich nicht danach gefühlt hast, hast du dich dennoch entschieden, sie zu erledigen. Das bedeutet es, tugendhaft zu leben: den Gefühlen nicht gänzlich zu vertrauen und auch nicht zu glauben, dass sie das Maß aller Dinge sind. Stattdessen richtest du dich nach den Prinzipien der Philosophie und behältst so deinen Fokus auf dem Richtigen. Doch was ist das Richtige? Das Richtige findest du in dir, wenn du danach suchst. Hier findest du Tugendhaftigkeit. Du findest den Willen in dir, dich zu mäßigen. Du findest übermenschlichen Mut und den Sog, der dich zu gerechten Taten zieht. Du findest in dir die Weisheit und Seelenruhe, nach der es dich verlangt.

Intuitiv weiß deine Seele, was das Richtige und das Falsche ist.

Vor einigen Jahrhunderten noch hatten die Menschen dafür ihren Glauben und ihre Religionen. Die Prinzipien ihrer Religion und die Leitlinien ihrer Götter erklärten ihnen den richtigen Weg des Lebens. Doch der Mensch hat dies durch seine eigenen Interessen und Maximen korrumpiert. Er nutzte die Religion, um sein Streben nach Macht, Kontrolle und Einfluss zu rechtfertigen, und so kam es, dass sich die Menschen von den Religionen nach und nach abwandten.

Vor den Religionen versuchten die Menschen, ihren Weg in den philosophischen Schulen zu finden. Du wirst merken, dass viele der Tugenden in der Philosophie, als auch in den dominanten Religionen dieser Welt kongruent sind. Das liegt vor allem an der zeitlichen Entwicklung, aber auch daran, dass der Mensch instinktiv das Richtige tun möchte. Es liegt in unserer Natur. In uns allen ist ein Funke, eine Kraft, die uns miteinander verbindet und uns das Richtige tun lassen will.

Du wirst erkennen, dass die moderne Welt keinen fest deklarierten Normen für dieses Leben folgt. Stattdessen wird jedem Menschen erklärt, dass er individuell entscheiden könne und sein Leben frei nach seinen eigenen Maximen leben solle – selbstverständlich innerhalb der gesellschaftlichen und staatlichen Maßregelungen. So verleitet die Welt den Menschen dazu, auch die dunkelsten Abgründe seiner Natur auszuleben oder nach den wertlosesten irdischen Versuchungen wie Macht, Wohlstand und Anerkennung zu streben. Hierfür ist der moderne Mensch gerne bereit, höhere Prinzipien zu opfern. Das Ergebnis sind zerrüttete Familien, eine steigende Anzahl zerberstender Partnerschaften, kriminelle und morallose Geschäfte und die Vernichtung der Natur um uns herum. Ein solches Verhalten können wir nicht tugendhaft nennen. Staaten, Organisationen und eine Vielzahl an Gruppierungen haben sich von der Tugendhaftigkeit abgewandt. Sie streben nicht nach Weisheit, Mäßigung, Gerechtigkeit und einem mutigen Handeln.

Ihre Handlungen werden durch ihre Wünsche gerechtfertigt, und sogar für Boshaftigkeit kennen sie einen Grund.

Würdest du deinen Mitmenschen freiwillig schaden, wenn du es für gerechtfertigt hieltest, auch wenn du wüsstest, dass sie doch der gleichen Natur und dem gleichen Logos entspringen? Gibt es denn Gründe dafür, dass du dich tugendlos verhalten solltest, nur weil es deine Mitmenschen auch tun? Sprich nicht über Tugendhaftigkeit und tadle auch nicht jene, die sich von der Tugend abgewandt haben oder sie nie kennen gelernt haben. Lebe stattdessen tugendhaft und sei allen Menschen ein Vorbild durch deine gerechten Handlungen. Sei ihnen ein Vorbild durch deinen Mut, deine Geschicklichkeit, dein Können und die Größe deines Charakters.

Auch wenn viele ihre ungerechten und maßlosen Taten mit modernen Gründen rechtfertigen, so wirst du erkennen, dass kein Reichtum, keine Macht, kein Einfluss und keine Großartigkeit jemals lange halten können, wenn diese nicht auf dem Fundament der Tugendhaftigkeit aufgebaut wurden. Schau dir jene wohlhabenden Kaufleute an, badend in Geld und dennoch so fern von sich selbst und der Welt, in der sie leben. Sieh, wie das Glück sie verlässt und ihr sozialer Status es nicht vermag, die innere Leere in ihren Herzen zu füllen. Betrachte einmal die großen Anführer und Anführerinnen. Die meisten von ihnen führen nur kurzfristig einen erhabenen Titel, besitzen jedoch keine wahrhafte Größe. Nur eine ausgewählte Anzahl ist es wert, in den Geschichtsbüchern erwähnt zu werden. Und deren Größe beruhte auf ihrer Tugendhaftigkeit. Sie waren gerecht, mutig und weise, lebten gemäßigt und unterwarfen sich ihren Prinzipien, statt ihrem Bauchgefühl den Vorrang zu gestatten.

Hör auf die Stimme in dir, deine wahre Intuition. Sie wird dich zur Tugend leiten. Solange du auf sie hören wirst, wird es dir niemals an etwas mangeln. Du wirst die schwersten Stürme überwinden, die höchsten Berge erklimmen und die widrigsten Momente überstehen. Sie wird dich durch die Dunkelheit begleiten und dir ein Wegweiser sein, wenn deine Hoffnung dich verlässt.

Solange du lebst, strebe danach, tugendhaft zu leben. Strebe nach einem exzellenten Charakter. Dies ist es, was das Prinzip Arete bedeutet – ein Leben im Einklang mit der Natur, mit der Welt und mit dir. »Die Tugendhaftigkeit ist die Vollendung der Vernunft«, wie Cicero in seinem Werk *Vom höchsten Gut und vom größten Übel* schrieb. Wenn du so lebst, wirst du Harmonie in dir finden und diese in deiner Lebenszeit mit der Welt teilen.

Strebe nach einem exzellenten Charakter.

Dein Seneca

BRIEF 9: ÜBER DIE MÄSSIGUNG

Lieber Leser, liebe Leserin,

für eine der vier großen Tugenden gibt es viele Worte: Selbstbeherrschung, Mäßigung, Moderatio, Sophrosyne Temperantia, Enkrateia, Majjhim patipad, Zhongyong oder Wasat. »Von Aristoteles bis Heraklit, vom Heiligen Thomas von Aquin bis zu den Stoikern, von der Ilias bis zur Bibel, im Buddhismus, im Konfuzianismus, im Islam – die Alten hatten viele Ausdrücke und viele Symbole für das, was auf ein zeitloses Gesetz des Universums hinausläuft: Wir müssen uns selbst im Zaum halten«, schrieb der amerikanische Autor Ryan Holiday über die Disziplin und Mäßigung.

Zu viel von allem ist ungesund, und wenn du dich der Fülle hingibst, wird sie deinen Charakter verderben. Die Lust neigt sich mit jäher Beschleunigung dem Schmerze zu, wenn sie nicht Maß hält. Die Mäßigung soll daher eine der vier großen Tugenden deines Charakters sein. Behalte also bei allen Dingen immer das Maß im Blick. Wenn du feiern gehst, so bedenke, dass das erste alkoholische Getränk das feinste und beste ist. Lass es auch das letzte sein, um deinen Körper nicht zu schädigen. Wenn du essen gehst, bedenke, dass zu viel Genuss und zu viele Speisen deinem Körper schaden, Mäßigung hingegen den Genuss verstärkt. Wenn du deinen Schrank mit Kleidung füllst, denk daran, dass du nur wenig brauchst und zu viel deinen Geist

Bedenke, dass das erste alkoholische Getränk das feinste und beste ist.

erdrückt und dich unzufrieden werden lässt, selbst wenn sich die neue Errungenschaft beim Kauf gut anfühlte.

Deine Gefühle beginnen am Hochpunkt und verweilen dort, wenn du Maß hältst. Wenn du dir jedoch mehr gönnst, weil du hoffst, dass das positive Gefühl dadurch seinen Hochpunkt behält oder verstärkt wird, so wirst du schmerzlich erkennen müssen, dass das einstige Gefühl nun eine Bürde geworden ist. Zu viel von allem wird zur Last. Nur das Maß und die eigene Disziplinierung können dich glücklich und zufrieden machen. Doch wie?

Erkenne deinen derzeitigen Besitz als ausreichend an. Sei dankbar für das, was du bereits hast, und strebe nicht danach, das Ausreichende unnötig zu vermehren. Befreie deine Seele von Ballast, indem du das Nötige zu schätzen lernst und das Unnötige ablehnst. Dies ist eine schwierige Aufgabe in einer Welt, in der die Anzahl ihrer Besitztümer unendlich gewachsen ist und sich die Menschen miteinander vergleichen, sich von Gier und Neid beherrschen lassen und ihr Selbstwertgefühl an Dingen festmachen, anstatt am Wert ihrer Tugend. Übe dich dennoch darin, nur das als richtig zu betrachten, was notwendig und essentiell ist.

Mäßige dich auch in deinen Worten. »Die Natur hat uns nur einen Mund, aber zwei Ohren gegeben, was darauf hindeutet, dass wir weniger sprechen und mehr zuhören sollen«, lehrte Zenon von Kition. Tue es ihm gleich und mäßige dich in deinen Worten. Handle zuerst und sprich erst danach über deine Taten. Kündige deine Taten nicht großartig an. Auf den Punkt bringt es der Aphorismus »Mehr sein als scheinen«, der Marcus Porcius Cato dem Älteren zugeschrieben wird.

Es ist kein Verbrechen, unscheinbar zu wirken, langsam und bedacht zu sprechen, statt große Reden zu schwingen und deinen Worten kein Gewicht zu verleihen. Bemühe dich zutiefst, deinen Worten Macht und Kraft zu geben, anstatt deine Reden durch Floskeln zu füllen. Wir nennen diese ungenaue Sprache heute auch einen semantischen Abrutscher. Schenke stattdessen deinen Worten Bedeutung. Ist dies im gegenwärtigen Moment nicht möglich, so schweige lieber. Gib dir eine kurze Pause, um innezuhalten. Sammle dich, denk nach und beginne dann zu sprechen. Dies ist nicht immer leicht, und du wirst häufig an diesem Anspruch scheitern, doch ist der Wille zum Fortschritt der erste Schritt auf dem richtigen Weg. Übe dich darin.

Neben der Mäßigung sind Standhaftigkeit und Disziplin zwei weitere, genauso wichtige Tugenden. Auch wenn dein Umfeld die Disziplin als spießig betrachten mag oder Standhaftigkeit nur herrischen und arroganten Menschen nachsagen sollte, so sind beide Tugenden doch ein essentieller Teil eines exzellenten Charakters. Menschen die Disziplin, Mäßigung und Standhaftigkeit an anderen Menschen kritisieren, sind häufig diejenigen, die sie heimlich beneiden oder bewundern. Sie wünschen sich die gleiche Tugendhaftigkeit und sprechen, um von ihrem Mangel abzulenken, lieber schlecht über jene, die sich selbst strengen Prinzipien unterwerfen. Als du noch in deinem Elternhaus gelebt hast, galten für dich die Regeln deiner Familie. Als du jedoch ausgezogen bist, um deinen Weg selbstständig zu gehen, musstest du dich eigenen Regeln unterwerfen, die dir ein gutes Leben ermöglichen. Wenn du das nicht getan hast, dann treibst du wie alle anderen prinzipienlosen Menschen wie ein Stück Holz im Fluss durch das Leben, ohne zu bemerken, dass du dein Potenzial damit verspielst. Über deinen hohen Anspruch zur Disziplin und Selbstbeherrschung mögen andere lachen, wenn sie davon hören. Tue dir also selbst den Gefallen und sprich nicht darüber. Sei beherrscht und diszipliniert, statt bloß darüber zu reden.

Sei diszipliniert, wo andere aufgeben.

Nein, die Mäßigung ist kein Frevel, auch wenn Menschen mit dem Anspruch zur Mäßigung in der heutigen Zeit oft ausgelacht oder als einfache Menschen bezeichnet werden. Kann ein einfacher Mensch denn nicht auch ein guter Mensch sein? Sei geduldig, wo andere hasten. Sei diszipliniert, wo andere aufgeben. Sei bodenständig, wo andere den Halt verlieren, und nutze nur das, was essentiell ist und lass alles andere gehen. So wirst du erkennen, was genug ist und was du wirklich brauchst. Aristoteles schrieb: »Geduld ist bitter, aber ihre Frucht ist süß.« So ist es auch mit der Mäßigung, der Selbstbeherrschung und der Disziplin. Wenn du über ein Reich herrschen willst, so herrsche zunächst über dich selbst, indem du dir selbst beweist, dass du zu jedem Zeitpunkt gemäßigt, selbstbeherrscht und diszipliniert leben kannst. Übe dich in diesen Tugenden und du wirst rasch erkennen, wie du dich veränderst und sich die Qualität deines Lebens verbessert.

Dein Seneca

BRIEF 10: ÜBER MUT UND STÄRKE

Lieber Leser, liebe Leserin,

wie oft hast du den Frevel und die Ungerechtigkeit in dieser Welt schon erlebt, mit deinen eigenen Augen sehen und mit deinen Ohren hören können? Wie oft bist du nicht eingeschritten und hast die Ungerechtigkeit passieren lassen? Hattest du Angst, dass du selbst leiden würdest, wenn du etwas für die Gerechtigkeit sagen oder tun würdest?

Nehmen wir an, dass du eine Ungerechtigkeit wahrnimmst – Mobbing, fehlende Rechtschaffenheit oder die fehlende Bereitschaft anderer, sich gegen das Böse zu erheben. Warum reihst du dich dann in die Reihen dieser Menschen ein und tust es ihnen gleich? Warum bleibst du untätig? In diesen Momenten fehlt es dir an Mut. Dabei ging es vielleicht auch nur um Kleinigkeiten. Womöglich warst du nicht mutig genug, als es darum ging, einen fremden Menschen anzusprechen, deinem Lehrer eine wichtige Frage zu stellen oder dich gegen Ungerechtigkeit zur Wehr zu setzen. In diesen Momenten hält uns eine Art innere Barriere zurück. Der Mut durchdringt diese. Doch niemand kann dort mutig sein, wo Mut nicht eingeübt wird.

Wenn du lernen möchtest, mutiger, disziplinierter und stärker zu werden, so praktiziere diese Tugenden als Übung. Nimm jede Möglichkeit wahr – auch wenn sie noch so klein ist –, mutig und stark zu sein. Selbst wenn du eine scheinbare Harmlosigkeit wahrnimmst, die andere als das Recht der Stärkeren abtun, so beweise dir selbst Mut. Auch wenn du Gewalt gegenüber Schwächeren wahrnimmst, so beweise Mut. Möglicherweise wird man auch dich dann angreifen, dich drangsalieren, denunzieren oder respektlos behandeln. Doch sei mutig. Steh für das Recht ein. Jedes Mal, wenn du mutig agierst, wird sich dein Mut vergrößern – du wirst mutiger werden.

Arbeite auch an deiner Stärke. Entwickle deine geistige Stärke, indem du über viele Themen liest, dich informierst und dich vor schwierigen Debatten nicht scheust. Entwickle außerdem deine körperliche Stärke, indem du dich körperlich ertüchtigst, laufen gehst, Gewichte hebst und, wenn es dir möglich ist, lernst, dich körperlich zu verteidigen. Wahre Kämpfer und Kämpferinnen besitzen die Fähigkeit sich mental und körperlich zu verteidigen. Solch ein Mensch sucht nicht den Kampf, ist aber auf ihn vorbereitet, wenn es keinen anderen Ausweg gibt.

Im gleichen Maße wie deine körperliche Stärke solltest du auch deine Tapferkeit entwickeln. Es ist mutig und tugendhaft, in schwierigen Situationen dennoch zu handeln. So schrieb der Stoiker Areios: »Ziehe […] keinen falschen Stolz daraus, als die unglücklichste aller Frauen zu erscheinen, und bedenke auch, dass es kein großes Verdienst ist, in guten Zeiten stark zu sein, wenn das Leben dank einer günstigen Strömung leicht dahingleitet; auch die Kunst des Steuermannes zeigt sich nicht bei ruhiger See und gutem Wind; erst bei schwierigen Wetterverhältnissen kann er seine Tapferkeit unter Beweis stellen. Daher weiche nicht, genau wie er, sondern stelle dich festen Standes hin, und ertrage jede Last, die von oben auf dich herabfällt, auch wenn du durch das erste Grollen des Unwetters erschreckt wurdest. Nichts heftet eine größere Schande

Es ist mutig und tugendhaft, in schwierigen Situationen dennoch zu handeln.

an das Schicksal wie der Gleichmut.« Die widrigsten Zeiten sind die beste Möglichkeit, um Mut und Tapferkeit zu entwickeln. Sieh sie als eine Übung.

Auch Sanftmut und Verständnis erfordern Mut, ebenso wie Vergebung und Liebe. Wenn deine innere Stimme nach dem Mut ruft, dann lass sie zu und geh ihr nach. Wenn du einen wahrhaft starken Charakter entwickeln möchtest, so wirst du nicht drum herum kommen zu üben, mutig zu sein.

Während du dich darin übst, mutiger und stärker zu werden, wirst du auch scheitern. Das ist ganz natürlich und Bestandteil der Entwicklung. Empfinde jedoch keine Scham und höre auf Marcus Aurelius, der sich selbst ermahnte: »Lass deinen Eifer und Mut nicht sinken, wenn es dir nicht vollständig gelingt, alles nach richtigen Grundsätzen auszuführen.« Bleib dran und reflektiere deine Fehler. Erwarte keine Perfektion von dir. Erwarte jedoch den Fortschritt. Sei streng dir gegenüber, wenn es darum geht, dich weiterzuentwickeln und an dir zu arbeiten. Sei gnädig, wenn du einen Fehler auf diesem Weg begehst. Übung macht den Meister. Egal was du tust: Gib niemals auf. Mach weiter.

Selbst wenn das Leben manchmal hart und unbändig erscheint, gib niemals auf. Selbst wenn alles verloren scheint, gib niemals auf. Manchmal ist zu leben bereits ein Akt des Mutes. Eine jede Seele hat die Möglichkeit, mutig zu sein und Stärke zu beweisen. Auch deine Seele vermag es, mutig und stark zu sein. Du musst nur jede Möglichkeit als eine Übung betrachten und sie nutzen.

Dein Mut wird andere dazu anregen, ebenfalls tugendhaft zu sein und sich gegen Ungerechtigkeit und das Böse zu erheben. Gustav Le Bon schrieb: »Wer das Böse entschuldigt, vervielfältigt es.« Erlaube dem Bösen in dieser Welt nicht, sich zu vermehren. Nutze die dir gegebenen Möglichkeiten, um die Taten böser Menschen zu unterbinden, mutig gegenüber den Frevlern zu sprechen und die Kraft in dieser Welt zu sein, die es ihnen schwer macht, das Grauen zu mehren.

Es gibt nur wenige Menschen auf dieser Welt, die wahrhaft mutig sind. Die meisten ziehen den Kopf ein, wenn sich dafür die Chance ergibt. Die allermeisten von ihnen bleiben im Angesicht des Bösen untätig. Der römische Dichter Horaz schrieb: »Untätig bleibt, wer fürchtet, nicht erfolgreich zu sein.« Lasse die Furcht nicht in dein Herz, denn Mut vermag es, jede Furcht zu verbannen. Fürchte dich niemals vor einem möglichen Ergebnis, denn solange deine Handlungen das Beste von dir abverlangen, wird kein Ergebnis so schlimm sein, dass du es nicht ertragen könntest.

Mut vermag es, jede Furcht zu verbannen.

Wer das Böse wahrnimmt und untätig bleibt, wird zu einem Teil des Bösen und damit ein Teil des Problems. Werde kein Teil des Problems. Sei der erste Mensch, der freiwillig seine Hand hebt, wenn man nach mutigen Menschen fragt, die der gerechten Sache dienen können. Kein Herz schlägt so stark wie das eines Freiwilligen. Beweise deinen Mut, wo auch immer du kannst, und du wirst erkennen, dass sich dein Mut mit jeder neuen Chance verbessert und stärker wird.

Dein Seneca

BRIEF 11: ÜBER DIE WEISHEIT

Lieber Leser, liebe Leserin,

der Stoiker Areios versuchte, die Kardinaltugenden zu definieren. Er schrieb über die Weisheit: »Weisheit ist das Wissen darüber, was getan werden muss, was nicht getan werden darf und was in keine der beiden Kategorien fällt, oder angemessene Handlungen (kathekonta).« In unserer heutigen Welt wird die Weisheit als eine Art Kraft dargestellt, die nur den Ältesten zugesprochen wird. Doch Weisheit benötigt kein hohes Alter. Die Weisheit inkludiert stattdessen das wiederholende Einüben tugendhafter Eigenschaften wie Urteilsvermögen, Klugheit, Sensibilität, Urteilsvermögen, Einfallsreichtum und Zielsicherheit. Die Tugend der Weisheit zu kultivieren ist ebenso schwer wie die Entwicklung der anderen drei Kardinaltugenden. Alle vier Tugenden sind miteinander verwoben und können nur selten für sich allein betrachtet werden.

Weisheit benötigt kein hohes Alter.

Chryssipos schrieb: »Der Weise ist keiner Sache bedürftig, braucht aber doch gar mancherlei; dagegen braucht der Tor überhaupt nichts, denn er versteht nichts zu benutzen, hat aber das Bedürfnis nach allem.« Was glaubst du, ist in deinem Leben essentiell? Es ist weise zu erkennen, dass du die meisten der Dinge in deinem Leben nicht wirklich brauchst und nur wenige Dinge nutzen musst. Es ist weise zu erkennen, dass deine Wünsche und Begierden dich zu lenken versuchen. Es ist weise zu erkennen, dass deine Gefühle nicht das Maß aller

Dinge sind. Ja, der Weise stellt sich über sich selbst, betrachtet wertfrei von oben, wer oder was er ist, und erkennt seine eigenen Fehler, bevor es andere tun. Wenn du die Dinge von oben betrachtest, so wird es dir leichter fallen, Abstand zu den emotionalen Ereignissen und Geschehnissen zu erlangen. Betrachtest du auf diese Weise alle Möglichkeiten, Variablen und Ansichten, so schulst du dein Urteilsvermögen und vermagst klügere Entscheidungen zu treffen. Nutze deinen Verstand und nicht deine Emotionen, um Entscheidungen zu fällen, die dein Leben betreffen. Hör zwar auf dein Bauchgefühl, doch betrachte jedwede Situation mit deinem Verstand und einer gesunden Distanz.

Es wird dir leichter fallen, ein guter Freund zu sein, wenn du der Trauer oder den Sorgen anderer mit der nötigen Distanz begegnen kannst. Mitgefühl ist eine Tugend, doch bedeutet sie auch, dass du dich nicht von den Gefühlen anderer mitreißen lassen solltest. Geh stattdessen empathisch auf die Bedürfnisse der Menschen ein. Wenn diese jedoch planen, in den Abgrund zu springen, dann bleibe am Rand stehen und lass dich nicht mit hinabziehen. So kannst du weise Ratschläge für die Menschen in deinem Leben haben, die bei dir nach Rat suchen. Jedoch ist es nicht deine Aufgabe, diese Ratschläge für sie umzusetzen und zu befolgen. Du musst für dich selbst einstehen und deine Mitmenschen müssen, so wie du, die Verantwortung für ihre Taten übernehmen.

Vermeide es, vorschnell Urteile zu fällen. Wenn du über die Menschen richtest, so richtest du auch über dich selbst. Jedes deiner Urteile negiert die Möglichkeit, die Perspektive der anderen Seite einzunehmen. Urteile deshalb erst dann, wenn du dir absolut sicher bist, alle Möglichkeiten gesehen und wertfrei betrachtet zu haben.

Genauso tat es der weise Mann, als sein Sohn zum Kriegsdienst eingezogen werden sollte. Statt zu klagen, dass sein Sohn nun in den Kampf ziehen müsse, betrachtete er die Situation wertfrei. Noch war nichts geschehen, und es gab keinen Grund zu klagen, zu jammern oder zu urteilen. Als sein Junge sich ein Bein brach und nicht im Krieg kämpfen konnte, jubelte der weise Mann nicht, sondern betrachtete die Situation wertfrei. Als sein Sohn, der nun zwar daheim statt im Krieg war, jedoch aufgrund seines gebrochenen Beines nicht auf dem Hof helfen konnte, betrachtete der Mann auch das wertfrei, bevor er sich ein Urteil darüber bilden wollte und darüber klagen konnte, dass sein Sohn bei der Arbeit fehle.

Wenn du leidest, bevor es nötig wird, leidest du zweimal mehr, als es nötig wäre. Die meisten der schlimmen Ereignisse, die wir scheinbar voraussehen können, werden niemals passieren. Es gibt somit keinen Grund, heute schon zu klagen, wenn das Morgen noch ungewiss ist. Urteile also nicht zu früh und lass die Dinge erst einmal auf dich zukommen. Bereite dich auf alles vor, so dass, wenn das Schlimmste dich erreicht, du selbst für diese Widrigkeiten vorbereitet sein wirst. Misstraue daher deinen Hoffnungen, da sie der Ausdruck von Wünschen sind, die deinem Ego entspringen. Wünsche dir nichts. Übe dich lieber in der Tugend, damit du alles mit einem exzellenten Charakter meistern kannst, was auch immer geschehen mag.

Wünsche dir nichts.

Hab immer ein klares Ziel vor Augen, das du mit deinen Taten zu erreichen gedenkst. Streife nicht auf zu vielen Wegen umher, sondern richte deinen Blick auf ein Ziel, das du zu erreichen versuchst. Wer alles zu erreichen gedenkt, erreicht am Ende gar nichts. Der weise Mensch hingegen versucht, ein Ziel zu erreichen, bevor er sich dem nächsten widmet. Strebe danach, nützlich zu sein. Wenn das Erlangen deiner Ziele nicht nur dir dient, sondern auch anderen, wird es auch dir an nichts mangeln. Meide auf dem Weg zu deinen Zielen nicht den weisen Ratschlag anderer Menschen. Suche dir einen weisen Mentor, der bereits erreicht hat, was du zu erreichen gedenkst. Umgib dich mit weisen Menschen, so dass du von ihnen lernen kannst und ein ewiger Schüler der Philosophie bleibst. Dies wird auch dir helfen, weiser und tugendhafter zu werden.

Dein Seneca

BRIEF 12: ÜBER REDLICHE ARBEITEN

Lieber Leser, liebe Leserin,

in unserer westlichen Welt stehen die meisten Menschen, mit Ausnahme von Kindern, Arbeitsunfähigen und den Älteren, morgens früh auf, um einer Arbeit nachzugehen. Wie viele jammern von ihnen und klagen über diese Arbeit, der sie täglich nachgehen müssen? Schon am Montagmorgen heißt es wieder: »Oh Gott, das schon wieder!« Bereits am Sonntagabend verfluchen die meisten den folgenden Tag. Bist du dieser »Krankheit« auch schon zum Opfer gefallen? Warum jammern wir darüber, Menschen zu sein? Als Mensch ist es unsere Aufgabe, redliche Arbeit zu leisten und diese Welt durch unser Schaffen und Tun zu verbessern. Vermutlich werden wir allein niemals die gesamte Welt verändern und Milliarden von Menschen beeinflussen. Mit großer Gewissheit wird unser Beitrag kleiner und bescheidener ausfallen. Doch ist er dadurch von weniger Wert? Warum jammern wir darüber, dass wir Menschen sind und arbeiten können?

Denk an all die Menschen, die deine Arbeit gerne machen würden, doch an einem Ort geboren worden sind, an dem ihnen das nicht möglich ist. Ihre Karten wurden durch den Logos anders verteilt. Dadurch wird ihr Leben nicht weniger wert, besser oder weniger anstrengend. Auch sie haben die Aufgabe, ihrer Arbeit nachzugehen. Warum spottest du also heimlich über die einfachen Menschen, den Friseur, den Müllmann, die Putzfrau oder die Menschen, die täglich am Fließband stehen? Verrichten Sie nicht auch ihre Arbeit und bringen sie nicht auch ihren Wert in diese Welt? Macht nur die Arbeit, welche Wohlstand und Reichtum schafft, einen Menschen wertvoll und damit das Leben gut? Was ist mit den Menschen, die nicht studiert haben und keine teuren Zertifikate und Diplome besitzen? Sind sie nicht auch ein Teil dieser Welt, deren Vorteile du täglich genießen kannst?

In fernen Ländern freuen sich die Menschen über die Arbeit, über die wir jammern und uns täglich beschweren. Die Arbeit selbst ist die gleiche, doch unsere Perspektive ist eine völlig andere. Die einzige Arbeit, die keinen Wert hat, ist die Arbeit, die wir nicht beginnen und beenden. All die hohen Ziele, wie Ruhm und Reichtum, die du mit deiner Arbeit zu erreichen versuchst, sind obsolet. Was zählt, ist die Qualität deiner Arbeit. Wie lange du für diese Arbeit brauchst, spielt keine Rolle, sondern wie du deine Arbeit leistest. Hast du dich bereits der Exzellenz verschrieben und strebst danach, dein Können, dein Fachwissen und deine Fertigkeiten stets weiter zu verbessern, selbst dann, wenn du glaubst, dass du alles bereits zur Vollendung gebracht hast? Oder bist du einfach nur froh, wenn sich der Arbeitstag dem Ende zuneigt und du wieder auf die warme Couch kannst, um dort unter der Decke zu schlummern und die Zeit totzuschlagen?

Was zählt, ist die Qualität deiner Arbeit.

Du bist klug und wirst mit großer Sicherheit auch in Zukunft hart arbeiten und versuchen, deine Möglichkeiten auszuschöpfen. Doch sag mir, wie oft du dich schon über ein Projekt beschwert, ein Abgabedatum verflucht, Mitarbeitenden das Schlimmste gewünscht oder dich über die Irrationalität und Banalität deiner Mitmenschen aufgeregt hast. Du hast sicherlich auch schon die volle Verantwortung für deine Leistungen negiert und die Schuld für Fehler anderen zugeschoben. Hättest du nicht auch für jene eintreten können? Wie oft könnten wir die Verantwortung für eine ganze Gruppe übernehmen, uns freiwillig melden, das Risiko eingehen und die Chance beim Schopfe packen? Dennoch bleiben wir meist leblos zurück, verschieben das Mögliche auf morgen, in dem Glauben, dass wir morgen bessere Menschen sein werden. Wenn du ein guter Mensch sein willst, dann sei dieser Mensch noch heute.

Morgen existiert nicht. Du hast nur den heutigen Tag, um das Bestmögliche von dir in dieser Welt zu hinterlassen. Morgen mag vielleicht die Sonne wieder für dich aufgehen. Wissen tut dies jedoch keiner. Warum verschiebst du es dann auf morgen? Du negierst damit doch deinen heutigen Tag, in der Hoffnung, dass dir morgen ein neuer Tag geschenkt werden wird. Die Geschichte der Arbeitstage und des Wochenendes ist eine Lüge, die man dir erzählt hat. Das Leben interessiert sich nicht für die Ideen von Zeit und Raum der Menschen. Jeder neue Tag ist ein Tag, an dem du an dir und deinen Ideen arbeiten musst. Jeder Tag will genutzt werden. Vor 2000 Jahren schrieben schon die Römer: »Carpe diem.« Nutze den Tag.

»Carpe diem.« Nutze den Tag.

Welche Arbeit du in der dir gegebenen Zeit vollbringst, spielt nur unwesentlich eine Rolle. Viel wesentlicher ist, dass du diese Arbeit tugendhaft vollbringst. Sei dies die Arbeit einer Musikerin, einer Anwältin, einer Ärztin oder die selbstständige Arbeit einer Geschäftsfrau. Komfort ist eine größere Bedrohung für die Welt, als jede Anstrengung es jemals sein könnte. Unser Körper ist nicht für den ewigen Komfort geschaffen worden. Auch wenn du Auszeiten und Erholung von Zeit zu Zeit benötigst, so muss dein Hauptaugenmerk immer auf das Nutzen deiner Zeit gerichtet sein. Verschwende deine Zeit nicht damit, über die Arbeit und das Ausmaß deiner Aufgaben zu jammern und zu klagen. Sei dankbar, dass dir diese Aufgaben zuteilwerden. Sie sind nur für dich da und gehören dir. All das, was dir gehört, ist deine Aufgabe und unterliegt deiner Kontrolle. Unabhängig davon, wie groß oder klein dir deine Aufgaben auch jetzt vorkommen mögen, so sind es doch deine Aufgaben. Verschwende keine Zeit damit, sie auf andere abzuwälzen. Auch deine Mitmenschen haben ihre Aufgaben und ihre eigenen Verantwortungen. Übernimm du die deine und überlass die Verantwortung anderer jenen.

Wenn du dann für andere einstehst, sie führst und auch für sie Verantwortung übernimmst, so denke an meine Worte. Gib deinen Mitmenschen die Möglichkeit, an ihren Aufgaben zu arbeiten und an ihnen zu wachsen, während du sie dazu anleitest, besser zu werden. Es ist nicht deine Aufgabe, andere zu tadeln, um dein Ego zu stärken oder deinen sozialen Status zu präsentieren. Es ist deine Aufgabe anzuleiten. Es ist auch nicht deine Aufgabe, die Arbeit anderer zu übernehmen. Lass dir nicht die Verantwortung anderer übertragen, sondern übernimm die Verantwortung für die Entwicklung einer Gruppe, solltest du jemals andere anleiten und anführen. Beraube deine Mitmenschen nicht ihrer Aufgaben, da du sie sonst ihrer Möglichkeit beraubst zu wachsen und ein gutes und tugendhaftes Leben zu führen. Frag dich stets: »Was ist meine wahre Aufgabe?«

Tüchtigkeit, Fleiß und Beharrlichkeit sind ebenso wichtig wie Disziplin und Ausdauer.

Strebe nicht nach den Titeln und den Ehrungen, die deine Arbeit mit sich bringt, sondern danach, die bestmögliche Arbeit in der dir gegebenen Zeit zu vollbringen. Die Ehrungen deiner Arbeit kommen dann ganz von allein. Tüchtigkeit, Fleiß und Beharrlichkeit sind ebenso wichtig wie Disziplin und Ausdauer. Teile deine Fähigkeiten und Werte mit anderen, so dass ihr gemeinsam etwas erschafft, das eure Lebenszeit wertschätzt. Vervollständige deine Fähigkeiten und arbeite gewissenhaft daran, sie weiter zu verbessern.

Wähle auf deinem Weg deine Begleiter mit großer Sorgfalt aus. Die Menschen, mit denen du arbeitest, kannst du dir nicht immer aussuchen, doch es unterliegt deiner Kontrolle, wie viel Zeit du in sie investierst. Dein Verhalten gegenüber deinen Kollegen und Kolleginnen, aber auch gegenüber deinen weniger gemochten Mitstreitern obliegt nur dir. Mögen Sie über dich klagen und hinter deinem Rücken so viel reden, wie sie es für angebracht halten. All dies kann dich nicht tangieren. Das Gerede anderer liegt außerhalb deiner Kontrolle. Für die Qualität deiner Arbeit hingegen bist nur du zuständig.

Doch wenn du die Wahl darüber hast, mit wem du zusammenarbeiten kannst, so wähle nicht die Menschen aus, die die meisten Zertifikate und Ehrungen besitzen. Wähle jene Menschen mit den größten Tugenden aus. Wähle deine Begleiter anhand ihrer Fähigkeiten aus, nicht anhand der Fertigkeiten, die sie vorgeben zu besitzen. Vertraue auf das, was du wahrnimmst und siehst, nicht auf das, was du hörst. Dem römischen Kaiser Marcus Aurelius wird folgendes Zitat nachgesagt: »Alles, was du siehst, ist nur eine Perspektive. Alles, was du hörst, ist nur eine Meinung.« Erinnere dich stets daran, und es wird dir leichter fallen, die richtigen Menschen für deinen Weg zu wählen.

Dein Seneca

BRIEF 13: ÜBER DEN BESITZ

Lieber Leser, liebe Leserin,

unsere westliche moderne Welt ist zu einer Konsumgesellschaft herangewachsen. Seitdem der Kapitalismus den meisten westlichen Ländern großen Wohlstand gebracht hat und mittlerweile auch Länder fern des Westens kapitalistische Ideen übernehmen, wächst der Wohlstand global rasant an. In den letzten Jahrzenten konnte der Mensch die Lebensqualität und Sicherheit für sich und seine Liebsten so stark verbessern, wie wir es nie zuvor erlebt haben. Das sollten wir doch als etwas Positives bewerten, nicht wahr?

Doch mit dem Wohlstand kam auch der Konsum, und so wie alles zwei Seiten besitzt, so hat auch der Überfluss seine Schattenseite. In den letzten Jahrzenten begannen die Menschen, sich Dinge zu kaufen, die sie nicht brauchten, um Menschen zu beeindrucken, die sie nicht mochten, mit Geld, das sie nicht hatten. Moderne Formen von Transaktionen machten es möglich, sich Dinge kaufen zu können, obwohl man dafür das Geld nicht besaß. Doch der Konsum ist nichts anderes als der Ausdruck des Wunsches nach Anerkennung, Status, Ruhm, Prestige und Zugehörigkeit. Hast du dich auch schon dabei ertappt, Dinge zu kaufen, die du nicht brauchtest, weil du in jenem Augenblick dachtest, dass du sie womöglich einmal brauchen würdest oder sie einfach besitzen wolltest? Schließlich waren es ja schöne Dinge, die du dir gewünscht hast. Doch sag mir, wie du die Schönheit aller Dinge aufnehmen kannst in dieser Welt?

Willst du dir etwa allen Besitz der Welt aneignen, um so die Schönheit gänzlich genießen zu können? Wenn du dann dein Geld und deine Ressourcen für Dinge ausgegeben hast, die nicht essentiell waren, hast du den Kauf danach nicht auch schon bereut? In den Wirtschaftswissenschaften nennt man dies einen Kaufimpuls. Mehr denn je versuchen Geschäfte und große Unternehmen, deine Kaufimpulse zu steuern. Stück für Stück werden so die Menschen ohne Disziplin und Klarheit zu Marionetten einer Gesellschaft, die vergessen hat, was Mäßigung bedeutet. Willst du eine Marionette sein, oder willst du deine Impulse lernen zu kontrollieren? Dies ist es, was dir meine Philosophie anbietet: zu lernen, dass all der Konsum fast gänzlich irrelevant und nicht essentiell ist.

Wenn du in deinem Leben zu Wohlstand kommst und du Besitz anhäufst, so sage dir, dass all dieser Besitz keinen wahren Wert hat. Mach dir bewusst, dass all dein Besitz dich eines Tages verlassen wird, unabhängig davon, wie sehr du an ihm festhältst. Lass deinen Besitz am Tage seines Verschwindens nicht einfach nur gehen. Nein, sage dir sogar: »Es wurde zurückgegeben.« Sage dir dies, da kein Besitz jemals dafür bestimmt war, ewig bei dir zu bleiben. Dein Besitz steht außerhalb deiner Kontrolle und ist somit irrelevant. Dies bedeutet nicht, dass du ihn nicht genießen kannst. Genieße gutes Essen, warme Kleidung, ansehnliche Unterkünfte und sichere Fahrzeuge. Doch bedenke immer dabei, dass diese Dinge keinen wahren Wert besitzen.

All dein Besitz wird dich eines Tages verlassen.

Lebe stattdessen ein einfaches Leben nur mit den Gütern und dem Besitz, der essentiell für dich ist. Frag dich, bevor du etwas Neues in dein Leben lässt: »Ist dies essentiell für mich?« Du wirst merken, dass die meisten Dinge nicht essentiell und notwendig sind. Wenn du trotz Wohlstand lernst, dich nur mit dem Notwendigsten zufriedenzugeben und dafür dankbar bist, wirst du eine Freiheit im Leben erfahren, die den meisten Menschen in dieser Welt verwehrt bleibt. Ja, die meisten vergeuden ihre Lebenszeit mit der Jagd nach mehr Geld, das sie für mehr Konsum ausgeben, der die Leere in ihren Herzen und Seelen jedoch niemals zu füllen vermag. Fülle deine Seele nicht mit Besitz, sondern mit der Tugend und du wirst niemals ein armer Mensch sein.

Kleide dich daher einfach und verschwende keine Ressourcen für luxuriöse Kleidung, die dich nicht wärmer hält, als es einfache Kleidung tun könnte. Mäßige dich. Meide auch die pompösen und maßlosen Beilagen und Speisen. Ernähre dich gesund, aber einfach. Meide das Maßlose, wie beispielsweise einen zu hohen Konsum von Zucker und ungesunden Speisen. Du wirst merken, dass du für einen gesunden Körper keine Fülle benötigst. Halte auch deine Besitztümer wie Möbel oder Technik einfach. Frag dich auch hier: »Was ist essentiell für mich, und welche Gegenstände reichen für meine Aufgabe aus?« Was brauchst du wirklich, und was wünschst du dir darüber hinaus, was doch in seiner Natur keinen Wert hat?

Ernähre dich gesund, aber einfach.

Maßvoll mit dem eigenen Besitz umzugehen, bedeutet in erster Instanz, maßvoll mit deinen Ressourcen umzugehen. Lerne, wie du mit deinem Geld so umgehen kannst, dass du es vermehrst, statt es für Konsum und Spielereien zu verpulvern. Lerne, dein Geld weise und klug zu investieren, es maßvoll auszugeben und intelligent zu verwalten. Je intelligenter du mit deinen Ressourcen umgehen wirst, desto mehr wird dein Vermögen steigen. Halte an dieser Stelle besonders Maß. Zu viele wohlhabende Menschen haben mit steigenden Mitteln ihr Vermögen für Irrelevantes und Unwichtiges ausgegeben. Schnell wurden sie so wieder zum Sklaven des Geldes. Es liegt keine Ehre darin, sich selbst zu versklaven. Vermeide diesen Fehler, so gut du es kannst. Lebe trotz steigendem Wohlstand weiterhin so einfach wie zu Beginn. Mäßige dich und du wirst lernen, dass kein Mensch jemals über dich verfügen kann, solange deine Bedürfnisse nach mehr Besitz dich nicht versklaven.

Zu viel Besitz hat die Eigenschaft, dich zu unterjochen. Tief in deinem Geist verwaltest du, was dir gehört. Es raubt dir unterbewusst Energie und sperrt deine Gedanken ein. So wirst du langsam zum Verwalter deines Lebens. Statt dein Leben wirklich zu leben und es in vollen Zügen zu genießen, verwaltest du einfach nur noch den Besitz, der Jahr für Jahr wächst. Bedenke, dass du für ein gutes Leben das maßlose Anhäufen und Kaufen neuer Dinge nicht brauchst. Sieh stattdessen, wie deine Mitmenschen ihren eigenen Impulsen erliegen und sie zu Sklaven des Konsums und ihrer Wünsche werden. Nicht sie beherrschen ihren Besitz, sondern der Besitz beherrscht sie.

Von Gaius Musonius Rufus kannst du lernen, all deinen Besitz zu genießen, auch wenn es wenig ist. Als Gaius ins Exil gehen musste, weil er aus Rom verbannt wurde, klagte er nicht darüber, dass er all seinen Besitz loslassen musste. Er ließ ihn los, als hätte er keinen Wert. Dies ist überaus tugendhaft und soll dir als Vorbild dienen, selbst wenn du niemals ins Exil gehen solltest. Dein Besitz wird dich verlassen. Geh schon heute davon aus, wenn du deine Augen schließt oder dir deinen Besitz anschaust. Sage dir: »Dies ist so gut wie vergangen.« Nimm nur das dankend in deinem Leben an, was du brauchst und lass alles dankend los, was dich wieder verlässt.

Dein Seneca

BRIEF 14: ÜBER WÜNSCHE

Lieber Leser, liebe Leserin,

was liegt innerhalb deiner Kontrolle? Dies ist eine essentielle Frage, die du dir jeden Tag stellen solltest. Du wirst dabei herausfinden, dass deine Begierden und deine Wünsche in deiner Kontrolle liegen. Mach es daher zu deiner Aufgabe, deine Wünsche und deine Lust zu bändigen, sie zu mäßigen und zu kontrollieren. Sie ist wie ein wildes Pferd, das es zu zähmen gilt. Die meisten Menschen haben keine Kontrolle über sich, ihre Wünsche und ihr Begehren. Sie sehen etwas und müssen es haben. Sie hören von etwas und müssen es nachmachen. Sie erfahren von etwas und müssen es auch tun. Ihre Wahrnehmungen und Wünsche knechten ihr Schicksal. Nicht sie bestimmen ihre Wünsche, sondern ihre Wünsche bestimmen über sie. So streben die Menschen nach Anerkennung, Ruhm, Reichtum und Status. Doch nicht derjenige ist reich, der alles hat, sondern derjenige, der keine Wünsche mehr hat.

Mach es zu deiner Aufgabe, deine Wünsche und deine Lust zu bändigen.

Frag dich also: »Welcher Mensch ist reicher? Der Mann, der alles Geld der Welt besitzt und sich alles kaufen will, oder die Frau, die keine offenen Wünsche mehr hat?« Je größer die Wünsche der Menschen sind, desto größer sind auch ihre Anstrengungen, sie zu erfüllen und zu erreichen. Auf dem Weg zur Erfüllung dieser Wünsche reiben sie sich auf, gefährden oder opfern ihre Gesundheit und vernachlässigen ihre Familien. Sie lügen, betrügen und begehen furchtbare Dinge. Sie kennen die Tugend nicht und haben vergessen, was wirklich im Leben zählt. Ihre leeren Seelen versuchen sie mit neuen Wünschen und neuen Gelüsten zu füllen und ihren Geist so zu befriedigen. Doch kurz nach der Erfüllung ihrer Wünsche bemerken sie, dass der Wunsch nur eine Illusion war. Sie strampeln daraufhin weiter in der hedonistischen Tretmühle wie ein Hamster im Rad, ohne sich fortzubewegen. Willst du so leben?

Willst du abhängig von Trends und Meinungen sein? Willst du das begehren, was andere begehren, weil es gerade angesagt ist? Die Menschen trachten nach Luxusgütern, Geld, Prestige und der Erfüllung ihres irdischen Verlangens, ohne zu bemerken, dass sie dabei versuchen, Nebel in Flaschen zu füllen.

Um deine Wünsche zu zähmen und die Kontrolle über dein Leben zu erlangen, gib dich mit dem zufrieden, was du derzeit hast. Sei dankbar für das, was gerade ist und was du deinen Besitz nennen darfst. Wenn etwas kaputt ist, kaufe nichts Neues, sondern repariere es. Wenn eine Beziehung in Schwierigkeiten ist, wirf sie nicht weg, sondern versuch, sie zu reparieren. Kaufe erst etwas Neues, wenn das Alte nicht repariert werden kann. Halte in Ehren, was einen Wert besitzt. Trachte nicht nach den Gütern und Besitztümern anderer Menschen, nur weil sie auch an dir gut aussehen würden. Mäßige deine Wünsche, dann wirst du wieder Ruhe und Gelassenheit in deinem Geist finden. Deine Seele wird zur Ruhe kommen und du wirst tiefe Dankbarkeit und Zufriedenheit empfinden, wenn du dich nur auf das konzentrierst, was dir bereits obliegt und gehört. Lass deine Wünsche los und dein Geist wird klarer und konzentrierter werden.

Wenn etwas kaputt ist, kaufe nichts Neues, sondern repariere es.

»Doch warum noch arbeiten, Geld verdienen, es klug investieren und sparen, wenn am Ende doch keine neuen Wünsche damit erfüllt werden können?«, magst du dich fragen. Wie viel Geld brauchst du denn, um alle noch kommenden Wünsche zu befriedigen? Hast du einen Wunsch erfüllt, wird sich das, wonach du dich gesehnt hast, schon in Kürze als ganz selbstverständlich anfühlen. Stattdessen entwickelst du einen neuen Wunsch, bis dieser wieder erfüllt wurde und einem neuen Wunsch weicht. So geht das Spiel des Hamsterrads weiter, bis zu lernst, der Sklaverei deiner Begierde zu entrinnen. Du wirst deine Fehler so lange wiederholen, bis du von ihnen lernst. Erst dann wirst du beginnen, neue Fehler zu machen, die wieder eine neue Lektion für dich sein werden. Wieder einmal wird das, was dir im Weg steht, zum Weg selbst.

Bete nicht um die Erfüllung deiner Wünsche, sondern bete dafür, dass du die Stärke entwickelst, deine Wünsche gehen zu lassen und keine Wünsche mehr zu besitzen. Erst dann wirst du erfahren, dass auch der Reichtum, sollte er Teil deines Lebens werden, deine Seele nicht korrumpieren oder dich jemals besitzen kann. Erst dann wirst du erkennen, dass dein Besitz nur die notwendigsten deiner Bedürfnisse, die dir durch die Natur gegeben worden sind, stillen muss. Alles darüber hinaus wirst du als wertlos anerkennen und loslassen können.

Es bedarf mentaler Stärke, seine eigenen Wünsche loszulassen und die eigene Begierde als etwas Trügerisches anzuerkennen. Diese mentale Stärke wird dir helfen, alles zu erreichen und gleichzeitig alles mit Gelassenheit wieder gehen zu lassen. Du wirst merken, dass nun, da du die Dinge nicht mehr begehrst, sie viel leichter zu dir kommen oder einen Platz in deinem Leben suchen. Du bist nun kein Suchender mehr. Du wirst stattdessen einfach gefunden werden, und die Dinge werden versuchen, in dein Leben zu gelangen. Erst dann, wenn sie von selbst einen Platz in deinem Leben suchen, wirst du merken, wie gering ihr wahrer Wert ist und wie ignorant du warst anzunehmen, dass ihr Wert größer sei.

Relevant ist dein tugendhaftes Verhalten und alles, was von dir ausgeht. Dein Besitz, deine Wünsche und dein Begehren werden dich jedoch verlassen. Sie gehen nicht von dir aus und sind somit irrelevant. Was du kurzfristig brauchst, kannst du dir leihen. Was du langfristig wirklich brauchst, soll einen festen Platz in deinem Leben finden. Lass alles andere los, denn im Festhalten findest du kein Glück. Wenn du all deine Wünsche und dein Begehren loslässt, wirst du Frieden in deinem Geist finden, da all diese Dinge nicht mehr deinen Geist belasten. An diesem Punkt wirst du dich deiner Natur und der Welt um dich herum öffnen. Hier wirst du die wahren Schätze finden. Hier wirst du die Leidenschaftslosigkeit deines Geistes – die Apatheia – finden. Sie führt zur Ataraxie, einem unerschütterlichen Geist.

Im Festhalten findest du kein Glück.

Mach dich täglich daran, deine Wünsche zu zähmen und deinen Geist von ihnen zu heilen. Frage dich: »Ist dies wirklich mein Wunsch oder der Wunsch eines anderen, den ich nur übernommen habe?« Du wirst erkennen, dass die wenigsten Dinge, die du dir wünschst, wirklich von dir ausgehen. Die meisten hast du nur übernommen. Frage dich: »Was ist wirklich essentiell, und wünsche ich mir mehr, als ich brauche?«

Der Preis für die Erfüllung unnötiger Wünsche ist häufig höher, als du anfänglich glaubst. Der Preis für die Instandhaltung, den Fortbestand deiner Begierde und die Verwaltung, die damit einhergeht, ist häufig belastender als der Wunsch selbst. Frage dich, ob du wirklich bereit bist, diesen hohen Preis zu bezahlen.

Welcher Wunsch ist deine Seelenruhe und dein Frieden wert? Kann dein Wunsch die Leidenschaft und das damit verbundene Leiden wieder ausgleichen? Wenn du doch keinen Ausgleich brauchst, warum dann überhaupt deinen Wünschen die Macht über dein Leben einräumen? Willst du etwa in einer selbstauferlegten Sklaverei dein Dasein fristen? Mäßige deine Wünsche und übe dich darin, so wie ich es dich lehre.

Dein Seneca

BRIEF 15: ÜBER ABHÄNGIGKEITEN

Lieber Leser, liebe Leserin,

wir alle machen uns von verschiedenen Dingen, Menschen oder Umständen abhängig. Wir sind abhängig von den Wertschätzungen anderer, um die Beförderung zu erhalten, nach der wir uns sehnen. Wir sind abhängig von den Meinungen anderer, so scheint es, die über unsere Zukunft entscheiden. Wir scheinen abhängig vom Wetter zu sein, von unseren Emotionen, vom Besitz, von Geld, von unserem Beruf und von anderen Menschen. Doch ist das wirklich so? Müssen wir denn von anderen abhängig sein?

Es ist selbstverständlich, dass die Taten, Aktionen, Reaktionen und Meinungen anderer Menschen uns beeinflussen können. Doch diese gehen nicht von dir aus und stehen somit auch nicht unter deiner Kontrolle. Warum machst du dir also noch Gedanken darüber, wenn du sie doch nicht ändern kannst? Achte stattdessen darauf, dass du nicht abhängig wirst von den Meinungen und den Reaktionen anderer. Vergleiche dich nicht mit anderen und mach dich nicht abhängig von ihrem Wohlwollen. Der Vergleich ist ein sicherer Weg, um dein Unglück zu provozieren und dich von den Launen anderer kontrollieren zu lassen. Der Vergleich ist der Tod der Glückseligkeit.

Vergleiche dich nicht mit anderen.

Sieh dir all die Menschen an, die sich von den Meinungen anderer haben abhängig werden lassen. Sieh dir die Schauspiele und das Theater an, das sie veranstalten, um ihr Verlangen nach Aufmerksamkeit zu stillen. Sie sind abhängig von diesen Dingen. Wie ein drogensüchtiger Mensch tun sie alles dafür, um dieses Verlangen zu befriedigen. Kannst du das Unglück sehen, an das sie sich binden? Sie kauften Dinge, die sie nicht brauchten, mit Geld, das sie nicht hatten, um Menschen zu gefallen, denen sie eigentlich vollkommen egal waren. Willst du das für dich? Wohl kaum. Warum also machst du dir immer wieder etwas aus den Meinungen und Aktionen anderer Menschen? Solange du dich davon abhängig machst, wirst du ein Leben führen, das nicht dein eigenes ist. Du wirst ein fremdes Leben führen, das sich falsch und unaufrichtig anfühlen wird. Wenn du von der Freiheit kosten willst, so mach dich von den Blicken, Meinungen und Taten anderer frei. Vergleiche dich nicht mit ihnen. Sie kennen die Philosophie nicht und haben sich keinem höheren Ziel verschrieben. Sie sind selbst abhängig von den Meinungen und Taten anderer. Sie zählen darauf, dass du dir Gedanken über sie machst und dich fragst, was sie wohl von dir halten werden. Sie schöpfen ihre Kraft und Macht über dich aus deiner Aufmerksamkeit und deiner Abhängigkeit. Entziehst du ihnen diese, bleibt ihnen nichts mehr, womit sie dich versklaven können.

Doch mach dir bewusst, dass es noch mehr Abhängigkeiten in deinem Leben gibt. Werde dir klar, dass du mit jeder Abhängigkeit einen Teil deiner Kontrolle an andere abgibst. Dies können Menschen sein, Geld, dein Besitz oder auch ein Wohnort. Gänzlich ohne Abhängigkeiten zu leben, mag sich schwierig gestalten. Schließlich sind wir vom Sauerstoff in der Luft so abhängig wie von Nahrungsmitteln und dem Schlaf. Es gibt auch keinen Grund, die Abhängigkeiten der Natur zu meiden. Darüber hinaus jedoch ist es klug, die Bindungen an Dinge und Menschen zu hinterfragen. Alle Dinge, von denen du abhängig bist, werden in dir Verlustängste entfesseln. »Was ist, wenn ich dieses Möbelstück verliere oder dieser Mensch mich verlassen wird? Was ist, wenn ich diesen Beruf nicht weiter ausüben kann?«, magst du dich fragen. Da du abhängig von diesem Gedanken bist und glaubst, dass es ohne diese Dinge nur schwer für dich weitergehen kann, entwickelst du eine Art Gier und Verlangen. Wenn dieses Verlangen jedoch gefährdet ist, wächst die Angst in deiner Seele wie ein Geschwür. Diese wird dich so lange leiden lassen, bis du lernst, die Dinge loszulassen, an denen du hängst und von denen du abhängig bist.

Mach dir bewusst, dass alles, wovon du heute abhängig bist, eines Tages vergehen wird. Die Meinungen anderer Menschen werden vergehen. Sie werden sterben und schon vor ihrem Ende dich vergessen haben. Das Haus wird alt werden und zerfallen. Das Geld wird ein anderer verwalten und wieder an jemanden anderen übergeben. Dein Besitz wird verfallen. Deine Auszeichnungen werden mit der Zeit wertlos. An deine Errungenschaften und Noten wird man sich nicht erinnern. All die Dinge, von denen du noch gestern dachtest, dass sie dir die Welt bedeuten, haben schon heute keinen Wert mehr, wenn du dir erlaubst, sie im Geist loszulassen. So wie es mit dem Reichtum ist, so handhabe es auch mit den Menschen, Meinungen und Dingen, von denen du abhängig bist. Nimm an, was dir eine Zeit lang gegeben wird, aber mach dich niemals von ihnen abhängig. Lass sie mit der Zeit los, wenn sie dich verlassen und sage dir wieder einmal: »Es ist Zeit. Es wurde zurückgegeben.« Dies wird dir verdeutlichen, dass du nichts verloren hast, da du es nie wirklich besessen hast. Alles war nur eine Leihgabe des Lebens. Langzeitleasing sozusagen.

Die Meinungen anderer Menschen werden vergehen.

Mach dich auch von allen Gelüsten und Begierden frei. Entfessle dich von den Abhängigkeiten und Routinen, die deinen Körper, deine Seele und deinen Geist täglich knechten. Dazu gehören auch Alkohol, Zigaretten oder andere Mittel, mit denen du dich betäubst. Auch der Fernseher, verschiedene Medien oder Spiele sind nur Ablenkungen, die mit der Zeit Abhängigkeiten schaffen, die sich wohltuend und angenehm anfühlen. In Wahrheit jedoch halten dich eben jene Dinge in einer mentalen Knechtschaft gefangen und übernehmen die Kontrolle über deine Lebenszeit und somit über deine Zukunft. Befreie dich davon, und du wirst ein Leben nach deinen Maßstäben führen, das nicht nur dir, sondern auch deinen Mitmenschen zum Wohle gereichen wird. Du wirst frei leben, und auch andere Menschen werden deinem Beispiel folgen. Beweise die Exzellenz deines Charakters jeden Tag aufs Neue, indem du dich von den Abhängigkeiten deines Lebens befreist.

Dein Seneca

BRIEF 16: ÜBER LEIDENSCHAFTEN

Lieber Leser, liebe Leserin,

es ist seltsam. In unserer heutigen Gesellschaft schreien die Menschen nach Leidenschaft. Sie lechzen förmlich danach, die Explosionen der Leidenschaft zu empfinden und ihren Gefühlen freien Lauf zu lassen. In der Antike war dies anders. Zu Zeiten der großen Philosophen war man sich darüber einig, dass Leidenschaften etwas Negatives sind. Warum also werden sie heute als positiv betrachtet?

Der Stoiker Epiktet beschrieb Leidenschaften als intensive Gefühle wie Zorn, Schmerz, überschwängliche Freude, Gelüste und tief empfundene Hoffnungen und Begierden. Diese steuern den Körper und den Geist. Sie lassen uns nur allzu oft unkluge und irrationale Dinge tun und Entscheidungen treffen, die wir mit einem ruhigen Geist niemals getroffen hätten. In unserem Irrglauben denken wir, dass diese intensiven Gefühle der Leidenschaft unser Leben bereichern und dauerhaft sein werden.

Heute können wir wissenschaftlich erklären, was die Menschen vor 2000 Jahren durch die Philosophie lernten. Allgemein ist das Phänomen der Leidenschaft auch durch die Formel des abnehmenden Grenznutzens zu erklären. Einfach gesagt, nimmt jede Leidenschaft über einen Zeitraum ab. Die Liebe wird weniger intensiv, die Freude lässt nach, der Schmerz klingt ab und die Trauer verfliegt. Das erste Bier ist das beste, das zehnte Bier führt nur

Jede Leidenschaft ist eine Art Fata Morgana.

noch zu Kopfschmerzen. Der abnehmende Grenznutzen beschreibt dabei, dass jede Leidenschaft eine Art Fata Morgana ist. Die Leidenschaft ist eine Illusion, die unser Gemüt treibt und uns dazu verleitet, unkluge Dinge zu tun, uns selbst zu versklaven und in einer emotionalen Knechtschaft zu versauern. Von außen betrachtet ist die Leidenschaft aufregend, liebevoll, humorvoll und berauschend. Doch packt sie uns erst einmal, lässt sie uns nur langsam und qualvoll wieder los. Eine Art Entzug entsteht. Erst der erneute Rausch der Leidenschaft vermag das Verlangen wieder zu bändigen. Langsam wird der Mensch so zu einem abhängigen Junkie.

Die Menschen, die der Leidenschaft nachjagen, machen sich zu Sklaven ihrer Gefühle. Sie sagen dann Dinge wie: »Heute fühle ich mich nicht danach« oder »Oh, ich fühle, was du meinst«. Sie geben sich ganz ihren Gefühlen hin und verlieren auf diesem Weg ihre Vernunft. Doch wenn du dein Leben kontrollieren willst, dann kontrolliere dich selbst. Lernen deine Leidenschaften zu kontrollieren, indem du dich mäßigst. Willst du ein Untertan sein, dann lass deine Leidenschaften dein Leben kontrollieren. Machst du hingegen deine Leidenschaft zu deinem Untertanen, so wirst du über alles gebieten, wenn du die Vernunft zu deiner Gebieterin machst. Zieh dich in dich selbst zurück, wenn die Leidenschaft dich zu übermannen versucht. Such nach der Vernunft und halte dich selbst im Zaum. Marcus Aurelius schrieb in seinen *Selbstbetrachtungen*: »Denke zu jeder Tageszeit daran, in deinen Handlungen einen festen Charakter zu zeigen [...], einen ungekünstelten, sich nie verleugnenden Ernst, ein Herz voll Freiheits- und Gerechtigkeitsliebe. Verscheuche jeden anderen Gedanken, und das wirst du können, wenn du jede deiner Handlungen als die letzte deines Lebens betrachtest, frei von Überstürzung, ohne irgendeine Leidenschaft, die der Vernunft ihre Herrschaft entzieht, ohne Heuchelei, ohne Eigenliebe und mit Ergebung in den Willen des Schicksals.«

Wenn du wahrhaftig leben willst, braucht du nicht die Leidenschaft zu suchen. Lass den Narren und die Närrin nach der Leidenschaft trachten, wenn diese keinen besseren Weg einschlagen können. Suche stattdessen nach der Wahrheit und verpflichte dich der Vernunft. Statt dich jedem starken Gefühl hinzugeben und deine Entscheidungen und Taten durch Gefühle bestimmen zu lassen, halte inne und denk nach. Was würde ein Mensch mit einem exzellenten Charakter und ruhigen Geist an dieser Stelle tun? Willst du denn nicht ein solcher Mensch sein? Du wirst die Kontrolle über dein Leben an andere abtreten, wenn du deine Leidenschaften über dein Leben herrschen lässt. Andere Menschen werden über dich verfügen können, dich manipulieren und lenken, als seist du eine Puppe und ohne eigenen Willen. Warum sollte dies ein guter Mensch wollen? Nein, mach die Vernunft und die Kardinaltugenden zu deinem Wegweiser.

Cicero schrieb: »Nichts aber ist dir beschwerlich, was du nicht begehrst.« Beschwerlich ist das Leben dann, wenn deine Begierde und deine Leidenschaften deine Vernunft besiegen und dich zu einem Sklaven anderer machen. Dann wirst du dein Leben in Knechtschaft leben, ein Sklave sein, ohne eigenen Willen, und deine Leidenschaften werden dir deine Taten, deine Gedanken und deine Entscheidungen aufoktroyieren und dich dazu zwingen, so zu leben, als hättest du keine Vernunft. Deine Leidenschaften werden dich von einem exzellenten Charakter fernhalten und dir die Möglichkeit nehmen, das Beste aus dir zu machen. Lass deine Leidenschaften nicht über dein Schicksal richten.

Dein Seneca

BRIEF 17: ÜBER REICHTUM UND GELD

Lieber Leser, liebe Leserin,

es gibt viele Meinungen zum Thema Geld. Das Ganze scheint nicht leicht zu verstehen zu sein. Dabei gibt es genauso viele verschiedene Interessen, wie es Menschen gibt. Dein Bankberater wird dich so beraten, dass seine Interessen und die Interessen der Bank gewahrt werden. Deine Eltern werden dich so beraten, dass ihre Interessen und Erfahrungen möglichst auf dich übergehen. Deine Freunde und Verwandte werden wiederum anderer Meinung sein. Vor allem wenn man jung ist, muss man erst einmal einen Überblick über das Thema erhalten. Doch merk dir zunächst eines: Wenn du Geld zu nutzen verstehst, dann dient es dir; wenn du es aber nicht zu nutzen verstehst, beherrscht es dich. Entweder du kontrollierst deine Finanzen oder jemand anderes tut es. Übernimm also die Kontrolle über deine Ressourcen und wie du mit ihnen umgehst. Doch bedenke immer, dass Geld noch niemanden jemals reich gemacht hat. Verwechsle Reichtum und Wohlstand nicht miteinander. Das eine entspringt deiner Seele und das andere entsteht durch einen Überfluss an Geld.

Wohlstand ist weder gut noch schlecht.

Mach dir zunächst bewusst, dass es nicht verkehrt ist, Wohlstand aufzubauen. Der Wohlstand, der ein Produkt von Fleiß, Disziplin und guten Tauschgeschäften ist, ist weder gut noch schlecht. Dein Einsatz macht den Unterschied aus. Es zeugt von einem zaghaften Geist, Reichtum nicht ertragen zu können. Lass also die Prinzipien der Philosophie auch den Aufbau und die Verwaltung deines Vermögens beherrschen. Mäßige dich im Konsum und gib dich fleißig klugen Investitionen hin, die deinen Wohlstand mehren. Lebe so, als würdest du pleitegehen können, doch investiere so, als ob deine Zukunft davon abhinge. Tatsächlich tut sie das.

In jungen Jahren ist es leicht zu arbeiten und Geld zu verdienen. Dein Körper ist stark und dynamisch. Im Alter hingegen verliert dein Körper an Kraft und fühlt sich häufig schwach an. Deine Fähigkeit, Geld durch deine Arbeit zu verdienen, schwindet. Mach dich also frühzeitig in jungen Jahren daran, in deine Zukunft zu investieren, indem du dich an Geschäften oder Unternehmen beteiligst, Ländereien kaufst, Immobilien baust oder erwirbst und dein Kapital sinnvoll zum Arbeiten bringst. Im hohen Alter soll dann dein Kapital für dich arbeiten, während du deinem Körper verstärkt Ruhe gönnst. Der beste Zeitpunkt, um die Kontrolle über dein finanzielles Schicksal zu übernehmen, ist heute.

Bedenke jedoch immer, dass alle Dinge, über die der Zufall herrscht, nämlich Geld, Körper und Ehre, Dinge sind, die dienstbar, zerbrechlich, unstet und sterblich sind – kurz: Sie sind ein unsicherer Besitz. Deine Titel und dein Vermögen könnten dich verlassen. Ein Erdbeben vermag es, die größten Häuser und Gebäude einzureißen. Eine Finanzkrise vermag es, deine liquiden Mittel völlig zu vernichten, und die Ignoranz und Naivität einer Regierung vermag es, deine finanziellen Chancen zu untergraben. Eines Tages wird dein Besitz dann von dir gehen und dein Vermögen wird den Besitzer wechseln. Bedenke also, dass du zu jeder Zeit über dein Geld herrschen sollst, anstatt

Bedenke, dass du zu jeder Zeit über dein Geld herrschen sollst.

dass du deinem Vermögen den Raum gibst, über dich zu herrschen.

Das Geld hat manche Menschen blind, gierig, ignorant, arrogant und zornig werden lassen. Distanziere dich von diesen Narren. Erkenne, dass dein Geld ein Mittel ist und dir dienen soll. Sobald du eine emotionale Bindung zu deinen toten Mitteln entwickelst, verlierst du dich selbst und die Chance, deine Mittel gut einzusetzen. Reagiere nicht emotional über den Gewinn oder Verlust des Geldes. Nimm ihn als einen Bestandteil des Weges hin. Nicht alle deine Investitionen können von Erfolg geprägt sein. Lerne auch hier neue Lektionen. Bedenke jedoch, dass alles Geld, das du für Konsum, große Feste, pompöse Anlässe und Völlerei ausgibst, automatisch seinen Wert verliert und dahin ist. Investitionen hingegen vermehren dein Geld. Sie führen zwar häufig nicht zu den emotional angenehmen Ereignissen und bringen dir auch kein kurzfristiges Glück, jedoch bringen sie dir langfristig Sicherheit und eine angenehme Art der Ruhe. Du musst immer zwischen den kurzfristigen Erfüllungen deiner Wünsche und deinem langfristigen Wohl entscheiden. Beides kannst du nicht sofort bedienen. Wer sich nämlich innerhalb des natürlichen Maßes hält, der wird nichts von Armut verspüren; wer dagegen das natürliche Maß überschreitet, der wird auch bei größtem Reichtum die Armut zur Begleiterin haben. Investiere also erst das, was du hast, und gib dann den Rest nach Belieben für Annehmlichkeiten aus. Handhabst du es andersherum, wirst du schnell vom Geld und einem steten Einkommen abhängig werden, das deine Wünsche und Gelüste stillen muss.

Der Weise gestattet dem Reichtum nichts, den Narren jedoch gestattet der Reichtum alles.

Es bedeutet viel, im Umgang mit Reichtum nicht verdorben zu werden. So viele Menschen haben vor dir über ihre Verhältnisse gelebt und den Preis dafür mit ihrer Freiheit bezahlt. Der Weise gestattet dem Reichtum nichts, den Narren jedoch gestattet der Reichtum alles. Die Narren gebärden sich, als hätte ihnen irgendjemand den ewigen Besitz desselben zugesagt. Sie gewöhnen sich an ihn und verwachsen mit ihm. Der Weise dagegen denkt gerade dann an die Armut, wenn er sozusagen im Reichtum schwimmt. Selbst wenn du also in Reichtum badest und deine finanziellen Mittel groß sind, so betrachte dich selbst als arm und sage dir: »Ich habe genug Geld für meine Investitionen. Alles andere darf warten.« Sage dir das auch dann, wenn dein Vermögen noch klein ist und du es gerne vergrößern möchtest. Gib also nur einen kleinen Teil deiner Einkünfte für Vergnügungen aus und gestatte dir selbst, kluge Entscheidungen für deine Zukunft zu treffen.

Wenn du gemäßigt lebst, wirst du trotz deines Vermögens, keine Neider und Scharlatane anlocken. Du wirst den Neid aus deinem Leben verbannen – auch den Neid, den du selbst gegenüber anderen mit größeren Mitteln hegen könntest. Stattdessen wirst du Respekt ernten und die Menschen in deinem Umfeld werden versuchen wollen, so zu leben, wie du es tust. Deine Weisheit und Klugheit im Umgang mit Geld werden ihnen als Vorbild dienen.

Dein Seneca

BRIEF 18: ÜBER DIE KONTROLLE

Lieber Leser, liebe Leserin,

kannst du sehen, wie sich die Menschen sorgen, sich Gedanken über gestern, heute und morgen machen, ihre Nerven aufreiben und sich der Verzweiflung hingeben? Ging es dir denn nicht auch schon genauso? Hast du dir nicht auch schon Sorgen über Dinge gemacht, die du in dein Leben hast treten sehen, bevor sie überhaupt da oder geschehen waren? Das scheint natürlich zu sein, denn den allermeisten von uns geht es so. Doch warum? Gibt es nicht ein Heilmittel gegen all diese Sorgen, die Ängste, die Furcht und all diese Gedanken?

Wenn wir ehrlich zu uns sind, dann wollen wir keine Freiheit in unseren Gedanken. Wir wollen Freiheit von unseren Gedanken. Wir wollen frei sein von den Ängsten vor morgen, der Verzweiflung wegen gestern und den Sorgen von heute. Wir wollen also Freiheit von unseren Gedanken. Zum Glück gibt es zu dieser Freiheit einen Weg. Epiktet sprach über diesen Umstand. Er lehrte die Dichotomie der Kontrolle. Ihm war klar, dass alle Dinge in zwei Kategorien eingeteilt werden können – jene, die innerhalb, und jene, die außerhalb unserer Kontrolle stehen. Er lehrte, dass der Fokus auf all die Dinge, die außerhalb unserer Macht liegen, uns ängstlich, depressiv und verzweifelt zurücklassen. Sein Rat, sich nur auf die Dinge zu konzentrieren, die innerhalb unserer Macht liegen, klingt so einfach.

Ist es das denn nicht? Was liegt wirklich innerhalb deiner Kontrolle? Liegt es etwa innerhalb deiner Kontrolle, ob du viel

Geld verdienen wirst, die Sonne aufgeht, wie dich andere Menschen behandeln, ob sie dich betrügen, hintergehen oder belügen? Liegt es innerhalb deiner Macht, ob du Intriganten, Neidern und Besserwissern begegnen wirst? Liegt es etwa innerhalb deiner Macht zu entscheiden, ob geliebte Menschen sterben werden? Nein. All diese Dinge liegen außerhalb deiner Macht. Nur wenige Dinge obliegen wirklich dir. Doch diese Dinge sind die besten. Deine Gedanken, deine Handlungen, deine Aktionen, deine Reaktionen, deine Wünsche und deine Begierde – diese unterstehen nur dir. Sie sind innerhalb deiner Kontrolle.

Nur wenige Dinge obliegen wirklich dir.

Ist dir nicht auch schon einmal aufgefallen, wie sehr du gelitten hast, in den Momenten, in denen du dich auf die Dinge konzentriert hast, die außerhalb deiner Macht lagen? Wie viel leichter war das Leben, als du dich auf dich konzentriert hast und all jene Dinge, die innerhalb deiner Kontrolle lagen? Du wirst erkennen, dass es leichter ist, sich ganz auf das zu konzentrieren, was von dir ausgeht. Warum also haderst du noch mit Dingen, die du doch nicht ändern kannst?

Natürlich obliegt es dir, ob du redliche Arbeit leistest, fleißig investierst, diszipliniert lernst, andere Menschen vortrefflich behandelst und einen exzellenten Charakter hast. Doch die Reaktionen auf deine Taten kannst du nicht lenken. Sie liegen nicht innerhalb deiner Kontrolle. Warum also klagst du noch über die Taten anderer Menschen, wenn du diese doch nicht beeinflussen kannst? Sicherlich kannst du dir wünschen, dass sie etwas anderes gesagt oder getan hätten. Natürlich kannst du dich über ihre Taten und Worte aufregen und dich beschweren. Bringt dich das weiter? Kannst du es denn verändern? Instinktiv weißt du doch, dass du darüber keine Macht hast. Im Gegenteil sogar, wenn du dich nur auf das konzentrierst, was außerhalb deiner Kontrolle liegt, wirst du das Unglück über dich regieren lassen. Du wirst den Worten und Taten anderer Menschen die Macht über dein Schicksal geben und wie du dich in diesen Momenten fühlen wirst. Willst du das etwa?

Wenn du das Beste aus dir machen willst und dein Leben erfüllt führen willst, die Sorgen und Ängste anderer dir nicht aufbürden möchtest und stattdessen Klarheit, Friede und die Vernunft in dein Leben lassen möchtest, so konzentriere dich nur auf die Dinge, die von dir ausgehen. Konzentriere dich auf das, was innerhalb deiner Kontrolle liegt, und verbanne all jene Dinge, die außerhalb deiner Macht sind. Frag dich also in den Momenten der Unsicherheit: »Liegt dies innerhalb meiner Kontrolle? Falls nein, warum sorge ich mich dann noch darum? Warum ängstigt mich diese Sache?« Du wirst schnell erkennen, dass die Dinge außerhalb deiner Kontrolle nicht notwendig sind, um ein gutes Leben zu führen. Forderst du stattdessen Exzellenz von dir, deinen Taten, Worten, Reaktionen und Aktionen, so wirst du merken, dass dich nichts erschüttern kann, was außerhalb deiner Kontrolle liegt. Erst wenn du dich den Dingen hingibst, denen du schutzlos ausgeliefert bist, über die du keine Kontrolle und Macht hast, wirst du leiden.

Die Dinge außerhalb deiner Kontrolle sind nicht notwendig, um ein gutes Leben zu führen.

Genauso wirst du leiden, wenn du versuchst, Macht über jene Dinge zu erlangen, die du niemals kontrollieren kannst. Dazu gehören andere Menschen, die Natur, Tiere und grundsätzlich alles, was außerhalb von dir liegt. Versuchst du über diese Dinge Macht zu erlangen, wird dein Pfad voll von Sorgen gepflastert sein. Lehne diesen Weg ab und begib dich nie auf ihn. Findest du dich auf ihm wieder, so kehre auf der Stelle um und konzentriere dich wieder nur auf das Beste, das von dir ausgehen kann. Lass alles andere so geschehen, wie die Natur es von ihnen verlangt. Mach das Beste aus den Dingen, die du kontrollieren kannst, und lass alles andere so geschehen, wie es geschehen soll. Lass das Schicksal seinen Lauf nehmen und versuche es nicht zu verändern. Das kannst du nicht. Du wirst bei dem Versuch nur scheitern und leiden. Akzeptiere stattdessen, dass es Dinge gibt, die innerhalb und außerhalb deiner Kontrolle liegen. Mach das Beste aus dir und den Dingen, die innerhalb deiner Macht liegen, und du wirst erkennen, dass das Glück mit dir sein wird.

Dein Seneca

BRIEF 19: ÜBER DAS SCHICKSAL

Lieber Leser, liebe Leserin,

das Schicksal folgt seinen eigenen Wegen und dennoch versuchen wir immer wieder, unser Schicksal herauszufordern und es selbst in die Hand zu nehmen. Das Schicksal hat die Macht über deinen Reichtum, über deine Gesundheit, deine beruflichen Perspektiven und all das, was dir das Leben einst gegeben hat. Doch das Schicksal entreißt nichts, was es nicht erst gegeben hat, und so wird dir all das, was dir einst gegeben wurde, eines Tages wieder genommen. Was auch immer das Schicksal in die Höhe gehoben hat, erhebt es, um es fallen zu lassen. Was das Schicksal dir gibt, ist nicht dein Besitz. Es ist die Möglichkeit, zu jedem Zeitpunkt frei über deine Meinungen und Taten zu wählen.

Das Schicksal entreißt nichts, was es nicht erst gegeben hat.

Die Anfänge liegen in unserer Macht, über den Ausgang entscheidet das Schicksal. Unabhängig davon, wie hart du arbeitest, wie gut du dein Geld investierst, wie viel du lernst, wie sehr du dich bemühst und anstrengst – über den Ausgang deiner Unternehmungen bestimmst du niemals vollends. Alles, was wir tun können, ist, unser Bestes zu geben, tugendhaft zu leben und einen exzellenten Charakter zu beweisen. Was auf uns am Ende erwartet, entzieht sich unserer Kontrolle.

Das, was innerhalb unserer Kontrolle liegt, kann das Schicksal nicht verändern. Dennoch kann all das, was von dir ausgeht, über die Perspektive entscheiden. Dein Geist ist der Herr über dein Schicksal. Er kann sowohl Ursache deines Glücks als auch deines Unglücks sein. Betrachte deshalb alles, was das Schicksal dir gibt, weder als gut noch schlecht. Urteile nicht sofort und überdenke zunächst, ob du dir nicht eine falsche Meinung bildest. Woher kannst du wissen, ob das Übel, dass dir widerfahren ist, nicht in der Zukunft dir zum Guten gereichen wird? Du kannst es nicht.

Warum glaubst du, testet dich das Schicksal? Schon vor Hunderten von Jahren wurden die Menschen durch das Schicksal getestet. Im alten Rom sah der Gladiator es als eine Schmach an, sich mit einem Schwächeren zu messen, da er wusste, dass es kein Ruhm ist, den zu besiegen, der ohne Gefahr zu besiegen ist. Ebenso hält es das Schicksal: Es sucht sich die Tapfersten heraus, die ihm gewachsen sind; an manchen geht es verächtlich vorüber. Sei deshalb dankbar für die Übungen, die dir das Schicksal auferlegt, da du nur durch sie besser werden kannst.

Dein Schicksal ändert sich nicht durch Jammern und Fluchen.

Warum also verfluchst du manchmal dein Schicksal, wenn es doch ein Teil deines Weges ist? Du kannst so viel klagen, jammern und fluchen, wie du willst – dein Schicksal änderst du dadurch nicht. Es kümmert sich nicht um dein Klagen und dein Schluchzen. Dem Schicksal sind deine Gefühle gleichgültig. Es kümmert sich nicht um dein Verlangen, deine Bedürfnisse, deine Begierden und deine Wünsche. Du kannst noch so viel beten und um leichtere Zeiten bitten; das Schicksal wird immer wieder versuchen, dich herauszufordern. Erst wenn du die Herausforderung annimmst, dich ihr stellst und es besser machst als beim letzten Mal, wird das Schicksal weiterziehen, bis es eines

Tages wiederkehrt und neue Herausforderungen für dich bereithält.

Was auch immer dich heute fordert, fördert deinen Charakter. Was auch immer heute ist, wartete bereits von Anbeginn der Zeit auf dich. Lebe glücklich, solange es das Schicksal zulässt. Dann, wenn es dich fordert, wirf dein Glück nicht klagend über Bord, weil du glaubst, dass es kein Glück in den schweren Zeiten deines Lebens geben kann. Kannst du denn nicht glücklich und dankbar zugleich sein? Kannst du denn nicht dankbar für die Übungen und Herausforderungen des Schicksals sein?

So viele Menschen beklagen ihr Schicksal und damit ihr Leben. Dein Leben lang hast du eine Wahlmöglichkeit. Jene Dinge, die außerhalb deiner Kontrolle liegen, so wie die Wahl über deine Eltern, so wie das Land, in dem du geboren wurdest und die Sonne, die am Morgen aufgeht und am Abend untergeht, sind von keinem wirklichen Wert. Das, was von Wert ist, liegt innerhalb deiner Macht. So hast du zu jeder Zeit die Möglichkeit, deinen Geist zu kontrollieren, der dein Schicksal zu bändigen vermag. Sag dir: »Lass mich vor meiner Reaktion kurz innehalten und meine Impulse kontrollieren.« Dann, wenn du innehältst und den Fluss deiner permanenten Reaktionen unterbunden hast, frag dich: »Werde ich dies überleben, und falls ja, warum klage ich dann noch oder mache ich mir noch Sorgen?« Selbst wenn die Herausforderung dein Leben fordern sollte, so war dieser Moment vom Anbeginn der Zeit für dich bestimmt. Sage dir in diesem Fall: »Dann lasse mich dies ehrenhaft ertragen und auch in diesen Momenten einen exzellenten Charakter beweisen.«

Das, was von Wert ist, liegt innerhalb deiner Macht.

Über deinen Charakter hat das Schicksal keine Macht. Keinem Menschen wird das Schicksal etwas aufbürden, das er nicht überstehen kann. Kämpfe nicht gegen dein Schicksal an, sondern nimm es als deine Bestimmung wahr. Nur deine Seele ist stärker als das Schicksal.

Dein Seneca

BRIEF 20: ÜBER DIE DANKBARKEIT

Lieber Leser, liebe Leserin,

es fällt schwer, ein glückliches Leben ohne Dankbarkeit zu führen. Francis Bacon schrieb: »Nicht die Glücklichen sind dankbar. Es sind die Dankbaren, die glücklich sind.« So ist der beste Weg zum persönlichen Glück nicht die Erfüllung deiner Wünsche, selbst wenn diese noch so tugendhaft aussehen mögen. Der Weg zum Glück verläuft über die Dankbarkeit. Diese musst du nicht mit allen Menschen teilen. Es reicht schon, wenn du sie selbst empfindest und das tiefe Gefühl deine Seele umarmen lässt.

Wenn du glaubst, dass du keinen Grund hast, um dankbar zu sein, so liegt der Fehler bei dir. Such nach den Dingen, für die du dankbar sein kannst – mögen sie auch noch so klein sein. Selbst wenn dir die Beine und Hände fehlen würden, so hättest du immer noch deinen Kopf, deinen Mund und deine Ohren. Selbst wenn du erblinden würdest, so hättest du immer noch dein Gehör. Selbst wenn du dein Geld vollständig verlieren würdest, so hättest du doch noch deine Gesundheit und die Fähigkeit, es erneut zu verdienen. Der Fokus auf dem Negativen lässt die Pein wachsen. Der Fokus auf den Dingen, für die du dankbar sein kannst, lässt dein Glück größer werden und die Sorgen dahingehen. Im Anblick der Sonne schmilzt irgendwann jeder Eisberg.

Der Fokus auf dem Negativen lässt die Pein wachsen.

Dankbarkeit empfinden wir in jenen Momenten, in denen wir uns des Lebens und all der Kleinigkeiten bewusst werden, die ein Segen für uns sind. Halte inne, wann immer du kannst, und blick um dich. Was kannst du erkennen? Ist es denn nicht ein Wunder zu leben, die Natur und seine Magie erleben zu dürfen? Ist es denn nicht toll, eine liebende Mutter und einen liebenden Vater zu haben? Kannst du Worte dafür finden, wie wahrlich wunderbar es ist, diese Zeilen lesen zu können, während so viele Menschen die Worte und Ideen auf gedrucktem Papier nicht sehen können oder gar nicht lesen können?

Mach dir die Dankbarkeit zur Gewohnheit. Mach es dir zur Gewohnheit, regelmäßig innezuhalten. Mach es dir zur Gewohnheit, den Moment zu fassen und ihn, wenn du kannst, festzuhalten. Nimm dir am Morgen einen Stift und Papier zur Hand und schreibe auf, wofür du dankbar bist. Probiere es doch einmal so: Schreibe für fünf Minuten alles auf, wofür du in diesem Moment gerade dankbar bist. Hör nicht auf, bis die fünf Minuten vergangen sind. Schon nach dieser kurzen Zeit wirst du feststellen, für wie viele Dinge du dankbar sein kannst und bist. Dann beobachte, was diese wenigen Momente mit dir gemacht haben. Du wirst erkennen, dass du nicht mehr der gleiche Mensch bist wie noch vor fünf Minuten. Das Lächeln wird dir leichterfallen. Jede Form von Dunkelheit in dir wird sich verziehen und kein böser Teufel vermag es, sich in deinen Gedanken festzusetzen.

Der tugendhafte Mensch ist dankbar und der dankbare tugendhaft.

Neben der Liebe ist die Dankbarkeit das stärkste unserer positiven Gefühle. Die Dankbarkeit vermag es, uns zu beflügeln und zu verbessern. Der tugendhafte Mensch ist dankbar und der dankbare tugendhaft. Wie das routinierte Waschen und das tägliche Zähneputzen, so soll auch die Dankbarkeit zu einer deiner täglichen Routinen werden. Nicht weil du musst, sondern weil du es willst. Wenn du erst einmal erkennst, wie sich diese tiefe Dankbarkeit anfühlt und wie wundervoll es ist, sie in sich zu tragen, ohne sie kundzutun, wirst du niemals wieder damit aufhören wollen.

Der dankbare Mensch ist ein Gewinn. Er gibt, ohne dafür etwas zurückzuverlangen, und unterstützt, ohne dafür etwas als Gegenleistung zu erwarten. Der Lohn einer guten Handlung liegt darin, dass man sie vollbracht hat. Sei dankbar – aber nicht, damit der andere sich von deinem Beispiel angespornt fühlt und sich dir nun besonders gefällig zeigt. Vollbringe nur solche Taten, die sich an Liebenswürdigkeit und Schönheit nicht übertreffen lassen. Sei dankbar– aber nicht, weil es vorteilhaft ist, sondern weil es dir Freude macht.

Die Dankbarkeit wird die Habsucht, die Gier, den Neid und den Hass verbannen. Doch erfordert sie Übung. Mach sie dir also zur Gewohnheit, und du wirst schon nach kurzer Zeit erkennen, wie sehr sie dir hilft und wie sehr sie dein Leben bereichert.

Erst, wenn du durch deine eigene Praxis die Vorteile von Dankbarkeit erfahren hast, wenn du gelernt hast, sie zu nutzen, ja, dann teile dies mit deinen Mitmenschen, so dass auch sie das Jammern und Klagen unterlassen, wieder dankbar werden und die Sonne am Horizont erkennen können. Selbst wenn es wenig ist, wofür wir dankbar sein können, selbst wenn es nur die Tugend und unser Verstand ist, so haben wir doch jeden Grund dieser Welt, heute dankbar sein zu können. Lass uns so auch morgen diese Dankbarkeit wieder empfinden, denn niemals wirst du wirklich dankbar sein, wenn du es nicht heute schon bist. Frage dich also täglich: »Wofür möchte ich heute dankbar sein?«

Dein Seneca

BRIEF 21: ÜBER DIE BILDUNG

Lieber Leser, liebe Leserin,

verwechsle niemals Wissen, Weisheit und Bildung miteinander. Weisheit erlangst du nicht durch Bildung. Die Maßstäbe der Menschen, die zu Schul- und Ausbildungszeiten, ja sogar in der Universität, dir vorgeben, was du wie, wann und wo zu lernen hast, haben selten etwas mit dem einzigartigen Wissen zu tun, das dein Leben wahrhaftig bereichert. Die verpflichtenden Bildungsmaßnahmen sind zwar ein notwendiger Weg, aber nur selten bleibt langfristig das im Kopf, was du an einer Schulbank lernen musstest.

Die meisten deiner Fähigkeiten gewinnst du stattdessen durch die stete Übung. An Dinge, die du eines vergangenen Tages einmal gehört hast, wirst du dich später kaum erinnern. Auch die Dinge, die du nur ein paar Mal eingeübt hast, werden mit der Zeit vergehen. Doch was du dir zu einer steten Gewohnheit gemacht hast, geht dir in Fleisch und Blut über. So ist das Erlangen von Wissen und Weisheit eine Kombination aus den richtigen Gewohnheiten und dem permanenten Wiederholen und Reflektieren deiner Überzeugungen und Taten.

Ein Wissen, dass wohlgeordnet ist, haftet besser in unserem Gedächtnis. Strebe deshalb danach, einen Überblick über neue Themenbereiche zu erhalten, ganz so wie ein Vogel über die Wipfel der Bäume und Dächer fliegt und dabei alles überblicken kann. Dann, wenn du dir einen Überblick über das zu erlangende Wissen gemacht hast, mach dich daran, die Fachbereiche zu ordnen und zu sortieren. Was gehört wohin? Du wirst erkennen, dass es dir so viel leichter fallen wird, eine neue Fähigkeit zu erlangen oder neues Wissen zu erhalten.

Mach dir bewusst, dass dir jede Form von Wissen und jede Fähigkeit ein verschlossenes Buch bleiben werden, bis zu dem Tag, an dem du der Überzeugung sein wirst, dass du diese Fähigkeit erlernen und das neue Wissen gewinnen kannst. Jedwedes Wissen wird sich nämlich immer jenen verschließen, die davon überzeugt sind, dieses Wissen nicht erlangen zu können. Sie klagen, dass es zu schwierig sei, sie zu dumm, zu langsam oder zu ignorant dafür seien. Wenn das nicht ausreicht, klagen sie über die Schuld anderer. Der Lehrer oder die Lehrerin sei schuld oder es würde sich nicht lohnen, das neue Wissen und die neuen Fertigkeiten zu erlangen.

Mach dich zu einem ewigen Schüler und begehe nicht die Fehler ignoranter Menschen. Fürchte keine Lektüre und kein neues Wissen. Mach es dir stattdessen zur Gewohnheit, regelmäßig zu lesen und durch die Bücher in den Kontakt mit den Toten zu treten, um das Wissen zu erlangen, für das sie ein Leben lang gelernt haben. Sie teilen es mit dir auf den Seiten, die sie während ihres Lebens für dich schrieben. Durch Bücher lebst du mehrere Leben in der Lebenszeit eines Menschen.

Mach es dir zur Gewohnheit, regelmäßig zu lesen.

Sage dir, bevor du etwas Neues lernen möchtest: »Dies will ich erreichen und erlangen. Ich werde mein absolut Bestes geben, um diese neue Fähigkeit zu erlernen.« Bedenke, dass in jenen Momenten, in denen du gerne aufgeben würdest, andere Menschen sich dem disziplinierten und strengen Weg des Lernens bereits verschrieben haben. Sie sind dir voraus und werden deine Fähigkeiten und dein Wissen übertreffen. Versuche nicht, der beste Mensch unter ihnen zu werden. Gib jedoch dein Bestes, damit du der beste Mensch sein wirst, der du sein kannst. Frage dich: »Bin ich heute ein besserer Mensch, als ich es gestern war?«

Am Ende des Tages, bevor du dich zum Schlafen hinlegst, frage dich: »Was habe ich heute Neues gelernt? Habe ich alles dafür getan, mich wie ein neugieriger Schüler des Lebens zu verhalten?« Du kannst nichts Neues lernen, von dem du glaubst, es bereits zu wissen. Sei klug und stell dich, wenn es angebracht ist, dümmer, als du bist. So kannst du einerseits immer feststellen, ob du neues Wissen erlangen kannst oder ob du bereits erlerntes Wissen erweitern oder gar revidieren musst. Ein ewiger Schüler des Lebens und der Tugend hört mehr zu, als dass er oder sie spricht. So wirst du vieles über deine Mitmenschen erfahren, während du nur wenig von dir preisgibst. Sei zu beschäftigt damit, Neues zu erlernen und zuzuhören, statt auf dich aufmerksam zu machen. Überzeuge andere mit deinen Fähigkeiten und deinem Wissen nur dann, wenn es angebracht ist.

Lege auf einige Fähigkeiten besonders viel Wert. Dazu gehören die Rhetorik, die Logik, Fremdsprachen und die Tugend. Aber auch die Fähigkeit, andere Menschen einzuschätzen, ihre Körpersprache zu deuten und zu erkennen, wie du effektiv mit ihnen kommunizieren kannst, ist von großer Bedeutung. Wenn du lernst, deine Vernunft über deine Gefühle zu stellen, und deine Worte weise zu wählen, wirst du die verschiedensten Menschen überzeugen können und ihr Vertrauen gewinnen.

Das Lernen endet nicht mit dem Schulabschluss.

Erkenne, dass die meisten der wertvollen Fähigkeiten nicht zu Schulzeiten vermittelt werden können. Mach daher nicht den Fehler zu glauben, dass das Lernen mit dem Schulabschluss endet. Zu viele haben diesen Fehler schon gemacht. Bleib stattdessen auch nach der Schulzeit, ja selbst im hohen Alter, noch ein Schüler des Lebens. Strebe regelmäßig nach neuen Fähigkeiten und neuem Wissen. Dann wirst du erkennen, dass es keinen Berg gibt, den dein Verstand nicht erklimmen kann, und du jede Fähigkeit erlernen und jedes Wissen erlangen kannst.

Dein Seneca

BRIEF 22: ÜBER DAS EGO

Lieber Leser, liebe Leserin,

glaub niemals an deine Großartigkeit. »In dem Moment, in dem wir an unsere eigene Großartigkeit glauben, stirbt unsere Kreativität«. Diese Weisheit stammt von der serbischen Künstlerin Marina Abramović. Sie hat Recht. In den Momenten, in denen wir glauben, dass wir unbesiegbar, unfassbar gut und unübertrefflich seien, sterben alle unsere Möglichkeiten auf Verbesserung und Fortschritt. Diese Art der Arroganz und Ignoranz entstammt unserem Ego. Das lateinische Wort *ego*, das »ich« bedeutet, ist gleichzeitig ein Ausdruck einer mangelnden Perspektive für all die Menschen und Dinge, die außerhalb von uns liegen. Wenn du an dich denkst, kannst du nicht an andere denken. Wenn du nur für dich lebst, kannst du nicht für andere da sein, und wenn du denkst, dass du der beste Mensch bist, können andere nur schlechter sein als du.

Wenn du an dich denkst, kannst du nicht an andere denken.

Der Glaube an sich selbst kann schnell toxisch werden. Furchtbare Konsequenzen folgen ihm. Glaube an dich, doch halte Maß in dem Glauben an deine Unübertrefflichkeit. Geh davon aus, dass du unwissend und ignorant bist. Je mehr du lernst, desto mehr musst du verstehen, dass es immer noch so viele Dinge gibt, die du nicht verstehst, nicht kannst und von denen du niemals erfahren wirst. Mach dich also zu einem ewigen Schüler des Lebens und versuche in jeder Situation, eine neue Übung zu erkennen, von der du lernen kannst. Versuche auch, in jedem Menschen, dem du begegnest, einen Lehrer zu sehen. Denke nicht, dass du von gewissen Personen nichts lernen könntest. Jeder Mensch kann dein Lehrer sein, selbst wenn du von ihnen nur lernst, wie du etwas nicht machen solltest.

Tugendhaftigkeit beginnt mit dem Verständnis – dem Verständnis für deine eigenen Fehler, Schwächen und wunden Punkte. Dein Ego wird durch den Komfort gestärkt, und je mehr du deinem Ego zusprichst, desto mehr wird es von dir einnehmen. Setz dich daher bewusst mit den Widrigkeiten des Lebens auseinander und verlange von dir, die Einsicht zu erlangen, dass du noch viel zu lernen hast. Meist sind es die stillen Menschen, jene, die ihre Worte weise und langsam wählen, statt hastig und voreilig zu sprechen oder sich gar zu inszenieren, die ihrem Ego Einhalt gebieten und Tugendhaftigkeit erlangen können. Einfachheit ziert die Redlichkeit. Dein Ego kann bezwungen werden, doch wisse, dass es dein größter Feind ist und es dich auf all deinen Wegen begleiten wird. Dein Ego ist wie eine dunkle Macht, die heraustreten will. Du musst ihm Einhalt gebieten, und zwar jeden Tag.

Einfachheit ziert die Redlichkeit.

Habe Vertrauen und einen festen Glauben an deine Fähigkeiten und Möglichkeiten, doch begnüge dich damit, dass dieses Vertrauen und dieser Glaube bei dir verweilen. Du musst der Welt nicht beweisen, dass du ein wertvoller Mensch bist. Es reicht aus, wenn du es weißt. Die Sucht nach Ruhm verbrennt das glückliche Herz. Strebe nicht nach der Anerkennung anderer. Sie macht dein Leben weder besser noch wertvoller. Die Anerkennung anderer liegt außerhalb deiner Macht und obliegt dir nicht. Epiktet lehrte: »Mit Würde leben und mit Aufwand leben ist nicht das Nämliche. Ersteres wird durch Enthaltsamkeit, Genügsamkeit, durch geordnetes Wesen und durch Wohlverhalten sowie durch Einfachheit erzielt; Letzteres erscheint im Geleite von Zuchtlosigkeit, Üppigkeit, Unordnung und Sittenlosigkeit. Die Folge des einen ist aufrichtiges Lob, des andern Tadel. Willst du darum mit Würde leben, so strebe nicht nach dem Lobe, das der Aufwand bringt.« Es ist ein schweres Leben, das der Mensch lebt, der nach dem Lob und der Anerkennung anderer strebt. Es ist ein gutes Leben, das der Mensch lebt, der sich selbst genügt und dies niemand anderem als sich selbst beweisen will.

Betrachte dich also selbst mit der nötigen Distanz auf rationale Art und Weise. Stell keine Marke oder Inszenierung dar, sondern sei dein authentisches Selbst. Setze dir selbst einen hohen Standard, der tugendhaft, integer und authentisch ist. Dann halte an diesen Regeln fest und nutze die Philosophie als Leitfaden, um dich selbst maßregeln zu können und dein Ego im Zaum zu halten. Entwickle aufrichtiges Selbstbewusstsein, indem du dir über dich selbst bewusst wirst. Verwechsle Selbstbewusstsein und Arroganz nicht miteinander, sondern betrachte das eine als tugendhaft und Letzteres als wertlos.

Die Evolution hat uns instinktiv zu irrationalen, egoistischen und hedonistischen Wesen werden lassen. Doch wir haben die Fähigkeit, uns über diese Dinge zu erheben, indem wir unseren Geist schulen. Einige von uns haben diesen Kampf gegen das Ego schon verloren, andere kämpfen noch. Kämpfe auch du weiter. Maßregel dich selbst und versuche auch nach Niederlagen, eigenen Fehlern und tugendlosem Verhalten wieder auf den rechten Weg zu kommen. Nimm deine Niederlagen als eine Chance wahr. Sprich jedoch nicht über deine Erfolge. Es ist wertvoller, ein guter Mensch zu sein, als darüber zu sprechen.

Shakespeare schrieb in seiner Tragödie *Hamlet*: »Sein oder Nichtsein, das ist hier die Frage.«

Sei erfolgreich, doch begnüge dich mit dem Erfolg und verlange weder Ruhm, noch Anerkennung oder Applaus dafür. Nimm die Niederlangen tugendhaft hin und frage dich, was du von ihnen lernen kannst, um es beim nächsten Mal besser zu machen. Lass dir deine Erfolge niemals zu Kopf steigen. Es gab andere Menschen, die Größeres vollbracht haben, und es wird Menschen nach dir geben, die andere große Dinge vollbringen werden. Sei stolz auf dich, klopfe dir auf die Schulter und mach dich dann wieder an die Arbeit. Es gibt noch viel zu lernen und zu tun.

Dein Seneca

BRIEF 23: ÜBER DIE FAMILIE

Lieber Leser, liebe Leserin,

der erste Stoiker, der die Bedeutung der Familie für ein gutes Leben in den Vordergrund rückte, war Antipatros. Viel ist über ihn nicht bekannt. Er soll im Jahre 129 v. Chr. gestorben sein und leitete die Schule der Stoa nach Diogenes von Babylon im antiken Athen bis zu seinem Tod. Antipatros erklärte, dass die Ehe und Familie zu den wichtigsten und notwendigsten Dingen des guten Lebens gehörten. Er war ein überaus kluger Mann, dem es an Tugendhaftigkeit und Ruhe nicht mangelte. Was er seine Schüler lehrte, versuche ich dir hier mit auf den Weg zu geben.

Du hast dir deine Familie nicht auswählen können. Niemand von uns vermag es, sich seine Eltern oder Verwandten auszusuchen. Manchmal werden die Menschen mit einer liebenden Familie gesegnet. Manchmal müssen sie erst selbst eine liebende Familie schaffen. Für ein gutes und tugendhaftes Leben ist dies jedoch nicht von Belang. Du kannst die Karten, die dir gegeben worden sind, nicht bestimmen. Aber du kannst sie dennoch klug ausspielen.

Unabhängig davon, welche Familie dir im Leben zuteilwird, entscheide dich dafür, deiner Familie das Beste zu geben, was du zu bieten hast. Ehre deine Familie und unterstütze sie. Verlasse deine Familie niemals ohne ein paar Worte des Abschieds, da du nie weißt, ob du oder sie jemals wieder zurückkehren werden. Bedenke den unschätzbaren Wert deiner Familie, besonders in den Zeiten, in denen dich der Zorn oder die Wut packt und du über deine Familie fluchen möchtest. Frage dich: »Würde ich so auch reagieren, wenn ich wüsste, dass ich sie heute zum letzten Mal sehe?« Wie viele Menschen haben wohl ihre Familien das letzte Mal im Streit verlassen und danach nie wiedergesehen? Wie viele von ihnen werden ihre Worte und Taten für den Rest ihres Lebens bereuen? Willst du zu diesen Menschen gehören? Denke auch an all die Menschen, die für solch eine Familie wie deine ihr ganzes Hab und Gut hergeben würden. Sei nicht so hastig mit einer Bewertung oder Bemerkung über deine Familie.

Schenke besonders den älteren Mitgliedern deiner Familie deinen Respekt und dein Gehör. Sie wandeln schon sehr viel länger als du auf dieser Welt und wollen ihre Weisheit mit dir teilen. Nimm an, was sie dich lehren wollen, da sie sich wahrscheinlich nur das Beste für dich wünschen. Glaube nicht, dass du ihren Rat nicht brauchst. Wir Menschen sind für die Gemeinschaft und das Miteinander geschaffen, auch wenn du manchmal glaubst, dass niemand auf deiner Seite sei oder du ein einsamer Wolf in dieser Welt seist. Nimm dir also die Zeit für sie. Besonders die älteren Mitglieder deiner Familie werden dich früher verlassen, als du es heute vielleicht ahnst. Ehre die wenige Zeit, die ihr gemeinsam habt.

Wir Menschen sind für die Gemeinschaft und das Miteinander geschaffen.

Die stoische Weisheit der Oikeiosis beschreibt, dass wir alle miteinander verwoben und verbunden sind – jeder ist ein kleiner Teil eines großen Ganzen. Schadest du deiner Familie, schadest du dir. Schadest du der Gemeinschaft, schadest du dir selbst. Marcus Aurelius schrieb: »Was schlecht für den Bienenstock ist, ist schlecht für die Biene und umgekehrt. Familie bedeutet Gemeinschaft. Wenn du glaubst, dass du keine Zeit für diese Gemeinschaft hast, so liegt der Fehler bei dir. Überdenke deine Worte, Taten und Überzeugungen und nutze die Zeit für deine Familie.«

Die Familie kann heute auch ohne die Ehe entstehen. Erkenne jedoch, dass das Gründen einer Familie ebenso wie der Bund der Ehe ein Gelöbnis ist. Die Familie, die du gründest, braucht deine Arbeit, deine Aufmerksamkeit, deine Mühe und deinen Fleiß. Du wirst dein Leben lang für die Familie arbeiten, für sie bluten, für sie Herausforderungen bewältigen und zur Not auch dein letztes Hemd geben. Aufopferung für die Familie ist keine Schande. Stattdessen beweist dein Einsatz deine Tugendhaftigkeit. Gib der Familie, was du zu bieten hast, und verlange nicht, dass sie deine Gaben zurückzahlt. Eine Familie zu führen, bedeutet Aufopferung.

Wenn du eine Ehe schließen möchtest, um eine Familie zu gründen, überlege dir vorher genau, mit welchem Menschen du diesen Bund eingehen willst. Die Wahl deines Partners oder deiner Partnerin für die Gründung einer Familie ist im besonderen Maße zu überdenken. Er oder sie wird ein gleichberechtigter Teil von diesem Zweierbund sein, neben dem du Tausende Male aufwachen, mit dem du deine Kinder gemeinsam erziehen, dessen Tagesgeschichte du Tausende Male hören und dessen Sorge du teilen wirst.

Es lohnt sich nur selten, allein zu bleiben.

Antipatros lehrte daher, dass es schlecht sei, nicht aus den Fehlern Sokrates´ zu lernen, dessen Frau als unsympathisch und schwierig galt. Wer nicht weise wähle, wen er heirate, dessen Weisheit und Glück würde auf eine harte Probe gestellt werden. Die Wahl deines Mitbegründers der Familie ist von größter Wichtigkeit, denn die falsche Wahl kann deinen finanziellen und seelischen Ruin bedeuten. Die richtige Wahl hingegen fördert deine Zukunft im gleichen Maße, wie die falsche Wahl ihr schaden kann. Wähle also weise. Wenn du aber lieber nicht wählen willst, weil du Angst vor der Tragweite deiner Entscheidung hast, so bedenke, dass auch eine nicht getroffene Entscheidung eine Entscheidung ist. Es lohnt sich nur selten, allein zu bleiben und die wundervollen Zeiten mit einer eigenen Familie nicht zu genießen.

Wenn du deine Familie eines Tages verlieren wirst, so bedenke, dass nichts für die Ewigkeit bestimmt ist. Keine Familie währt für die Ewigkeit – auch wenn die Liebe noch so groß ist. Ehre deine Familie, solange sie bei dir ist.

Dein Seneca

BRIEF 24: ÜBER DIE MITMENSCHEN

Lieber Leser, liebe Leserin,

stell dir vor, dass du in deinem Leben auf einen Zug aufspringst. Dieser Zug fährt dich in eine Richtung, die du nicht vollends kontrollieren kannst. Manchmal kannst du die eine oder andere Richtung mitbestimmen, indem du am nächsten Halt auf einen neuen Zug umsteigst, der in eine andere Richtung fährt. Wo du aber ankommen wirst, entzieht sich deiner Kontrolle. Auf diesen Zug, deinen Lebenszug, springen auf dem Weg allerlei Menschen auf. Einige von ihnen sind tugendhaft, andere versuchen es zu sein, wieder andere haben keine guten Absichten und wollen dir bewusst schaden, dich erniedrigen oder dir Schmerzen zufügen.

Es fällt uns leicht, über all diese Menschen ein Urteil zu fällen. Doch sei in deinem Leben nicht so rasch mit einem Urteil über die Begleiter auf dem Zug, mit dem du fährst. Die allermeisten Menschen werden bereits bei der nächsten Haltestelle von deinem Zug abspringen, dich verlassen und auf einen anderen Zug aufspringen – so wie auch du es tun wirst. Auch du wirst auf einen anderen Zug aufspringen, deine Richtung wechseln, neue Ziele und Absichten verfolgen und dich auf dem Weg verändern. Doch haste dabei nicht und urteile nicht vorschnell über deine Mitmenschen. Sie alle teilen mit dir das Schicksal des Lebens. Sie alle leben. Sie alle atmen. Sie alle leiden. Sie alle

Das Schicksal deiner Mitmenschen kannst du nicht erahnen.

weinen, feiern, jubeln, klagen und bedauern. Das Schicksal deiner Mitmenschen kannst du nicht erahnen. Die meisten tragen eine Maske und werden ihre wahren Absichten vor dir verbergen. Urteile auch nicht darüber. Die meisten von ihnen tun es aus der Angst heraus, dass du über sie urteilen wirst und sie aus der Gruppe ausgeschlossen werden. Alle Menschen fühlen die Angst. Auch du. Warum also urteilst du über die Menschen, die doch die gleichen Fehler wie du haben könnten? Kannst du es denn wirklich besser tun und wissen, als sie es können?

Die meisten Menschen werden, wie gesagt, auf dem Weg von deinem Zug abspringen. Sie fahren nur eine Weile mit. Wie du deinen Mitmenschen auf diesem Weg begegnest, sagt nichts über deine Mitmenschen aus, dafür aber alles über dich. Du hast die Tugend nicht gewonnen, um dich an ihrem Leid zu laben oder dich über sie zu stellen. Warum also spottest du? Spottest du, weil es eben alle so tun und es eine Gewohnheit der Menge geworden ist? Nachsicht, Mitgefühl und Verständnis sind Eigenschaften großer Menschen. Neid, Hass, Groll und Niedertracht sind hingegen Charaktereigenschaften der Schwachen. Stärke deinen Charakter, indem du dich darin übst, mitfühlend, liebend und verständnisvoll mit deinen Mitmenschen umzugehen. Du denkst, dass es hierfür Ausnahmen geben muss? »Was geschieht mit den Taugenichtsen, den Narren, den Frevlern und all jenen, die mir Böses wollen?«, magst du dich fragen. Geh davon aus, dass alle Menschen in deinem Leben von Natur aus gut sind. Wenn du eine schlechte Eigenschaft oder eine andere Meinung an ihnen wahrnimmst, frage dich, was ihre guten Eigenschaften sind. Sind sie womöglich sogar tugendhaft? Du wirst erkennen, dass in allen Menschen der Funke des Guten lebt und gedeihen möchte. Das

Respektiere und achte den Weg anderer Menschen.

Licht wird sich immer gegen die Dunkelheit zur Wehr setzen wollen.

Nur ein geringer Teil der Menschen, die du kennen lernen wirst, hat durchweg schlechte Absichten. So wie die Menschen dein Leben bereichern und auf deinen Zug aufspringen, so werden sie dich auch wieder verlassen. Du hast kein Recht, sie von dem Zug zu schubsen, auf dem du fährst. Der Zug gehört nicht dir. Du hast aber jeder Zeit das Recht, selbst den Zug zu verlassen, diese Menschen hinter dir zu lassen und neue Wege zu gehen. Dies wird nur allzu häufig im Leben geschehen. Setz dir klare Maßstäbe dafür, wer langfristig mit dir auf deinem Zug fahren soll. Respektiere und achte den Weg anderer Menschen. Er wird sich von deinem unterscheiden. Jeder Mensch hat seine eigene persönliche Aufgabe zu finden und diese, so gut es geht, zu erfüllen. Das gilt auch für dich. Viele von uns werden auf diesem Weg von der Tugendlosigkeit angezogen und verführt. Auch dir könnte es so ergehen. Dein Verhalten gegenüber deinen Mitmenschen zeigt deine Tugendhaftigkeit und nicht ihre. Vergiss das nicht. Achte darauf, dass du auf deinem Weg bleibst und nicht von anderen Menschen auf einen dir fremden Zug verschleppt wirst. Bleib auf deinem Weg.

Einige wenige Menschen werden eine ganze Weile mit dir auf Reisen gehen und dich lange begleiten. Verpflichte dich diesen Menschen besonders. Gib ihnen die Chance, bei dir zu bleiben. Auch sie werden dich erzürnen können oder ihre eigenen Absichten haben. Auch sie werden ihre Schwächen haben. Euer Zug fährt dennoch in eine gemeinsame Richtung. Wann sie aber aussteigen und dich allein lassen, weißt du nicht. Bedenke das auf deiner Reise. Die Reise kennt keine Ankunft, und am Ende werden alle den Tod finden. Sobald sie dich verlassen haben, wirst du dich an sie erinnern und dir wünschen, dass sie wieder bei dir wären. Doch sie sind fort und kehren nicht zurück. Halte dir diesen Gedanken immer wieder vor Augen. Alle Menschen in deinem Leben sind des Todes. Sie alle werden dich früher oder später verlassen. Je häufiger du dir das klarmachst, desto leichter wird es dir fallen, die Momente mit deinen liebsten Begleitern zu zelebrieren und zu genießen. Es wird dir auch leichter fallen, all die Menschen in deinem Leben, die niederträchtige Absichten hegen, mit Mitgefühl zu betrachten. Auch sie sind bald tot und werden zu Asche zerfallen. Mit welchen Gefühlen willst du eure Zeit verbringen? Willst du sie gar vergeuden, indem du ihnen gegenüber Hass und Abscheu empfindest? Übe dich darin, Mitgefühl mit deinen Mitmenschen zu haben. Jeder von ihnen hat sein eigenes Päckchen zu tragen.

Es ist deine Aufgabe, in dieser Welt mit anderen Menschen und für andere zu leben. Ohne Gesellschaft ist Glück unmöglich. Du kannst nicht dein ganzes Leben lang allein auf deinem Zug sitzen und an einen Ort reisen, an dem du eine neue Reise beginnst. Willst du damit deine dir gegebene Zeit verschwenden und vergeuden? Frage dich: »Was lerne ich von diesem Menschen, der nun in mein Leben getreten ist? Oder bin ich in sein Leben getreten, um ihn zu lehren und für ihn da zu sein?« Nichts geschieht ohne einen Grund und alle Begegnungen existieren, damit ihr gemeinsam voneinander lernt und wachsen könnt. Selbst wenn dies durch Trauer und Leid geschieht. Selbst für deine Feinde gilt das. Selbst wenn Schmerz sie lehrt, dich nicht zu attackieren, so seid ihr doch füreinander da, um voneinander zu lernen. Lass alle Lektionen lehrreich, gerecht und weise sein. Strebe danach, dich mit ihnen zu verbessern, von ihnen zu lernen und dein Wissen an sie weiterzugeben. So könnt ihr gemeinsam das Beste erfahren.

Lerne, deine Mitmenschen anhand ihrer Taten zu beurteilen und nicht bloß aufgrund ihrer Worte. Fälle kein verzerrtes Urteil über sie. Werde dir über ihre wahren Absichten klar und lerne sie zu lesen. Am Ende wird dir auffallen, dass die Menschen wundervoll sind und es so viele Dinge gemeinsam zu entdecken gibt. Gib ihnen und auch dir die Chance dazu, solange noch Zeit dafür ist. Genieße deine Reise.

Dein Seneca

BRIEF 25: ÜBER FEINDE

Lieber Leser, liebe Leserin,

es ist schwer, im Leben den Feind von einem Freund zu unterscheiden. Sage dir bereits am Morgen, wenn du erwachst, dass du heute auf Neider, Intriganten, Scharlatane, Choleriker und durchtriebene Menschen treffen wirst. Rechne mit der Feindseligkeit der Menschen – nicht weil deine Feinde schlechte Menschen sind, sondern weil sie vom Weg abgekommen sind und das Gute vom Bösen nicht unterscheiden können. Wer dir Leid antun wird, tut dies, weil er oder sie nicht weiß, was richtig oder falsch ist. Es ist nicht deine Aufgabe, sie zu lehren oder es besser zu wissen. Was du weißt, spielt keine Rolle. Es ist deine Aufgabe, tugendhaft mit ihnen umzugehen, denn alles, was dir bleibt, ist das, was innerhalb deiner Macht liegt. Es liegt in deiner Macht, wie du mit deinen Feinden umgehst. Es liegt an dir, wie du dich verhalten wirst. Wirst du sie strafen, sie belehren und Rache nehmen oder wirst du, wie Jesus Christus es verlangte, auch deine zweite Wange hinhalten? Sei nicht töricht und rechne mit der Feindseligkeit der Menschen. Warum solltest du die zweite Wange hinhalten, wenn du schon vorher weißt, dass man dir Kummer oder Leid antun wird? Ist es nicht viel eher deine Aufgabe, tugendhaft mit deinen Nächsten umzugehen, auch wenn diese sich als deine Feinde entpuppen?

Es liegt an dir, wie du dich verhalten wirst.

Die beste Rache, die du ausüben kannst, ist, nicht so zu sein, wie deine Feinde sind. Der römische Kaiser Marcus Aurelius schrieb dazu in seinen *Selbstbetrachtungen*: »Die beste Rache ist, nicht wie derjenige zu sein, der die Verletzung vollzogen hat.«

Das Leid kann dir erst angetan werden, wenn du dir erlaubst, dich so zu fühlen. Dich wie ein Opfer zu fühlen, bedeutet, dich selbst wie ein Opfer zu behandeln. Sei besser als die Menschen, die sich als deine Feinde entpuppen werden. Zeige ihnen nicht durch deine Worte den rechten Weg. Zeige ihnen, dass du besser lebst. Deine Taten werden den Unterschied machen. Sogar deine Feinde werden erkennen, dass du besser bist als sie. Sie werden sehen, fühlen und hören, dass deine Taten tugendhaft sind, und einige von ihnen werden dir auf diesen Weg folgen. Noch gestern waren sie deine Feinde, und schon morgen werden sie wissen wollen, wie sie den Hass, den Neid und den Groll bezwingen können und so frei leben können, wie du es tust.

Deine Feinde sind deine Mitmenschen. Sie sind wie deine Freunde, nur haben sie noch nicht dein wahres Selbst erkannt, so wie es deine Freunde bereits getan haben. Hab Mitleid mit deinen Feinden, denn sie kennen keine Tugendhaftigkeit. Schenke ihnen stattdessen Verständnis und Liebe, denn auch du könntest die Tugend nicht verstehen. Auch du könntest jeden Tag vom Weg abkommen und ein prinzipienloses Dasein fristen. Wer also bist du, dass du dir anmaßen könntest, über deine Feinde zu richten, sie zu strafen, sie zu quälen, sie zu denunzieren oder schlecht über sie zu sprechen? Wer gab dir dieses Recht?

Als Ghandi starb, soll sein Mörder sich kurz vor seinem Tod über ihn gebeugt haben, um seinen letzten Worten zu lauschen. Ghandi flüsterte ihm mit seinem letzten Atemzug zu: »Ich verzeihe dir.« Ist dies nicht ein Zeichen für einen großartigen Charakter, der sogar noch im Tod fähig ist, seinem Feind zu verzeihen, ihm Verständnis und Liebe zu zeigen und gerecht zu sein?

Auch deine Feinde werden durchtrieben und hinterlistig sein. Sie werden versuchen, dich in die Enge zu treiben, dir wegzunehmen, was dir lieb und teuer ist. Sie werden dich häufig nur zu ihrem eigenen Vergnügen peinigen. Doch bedenke, dass du nicht der einzige Mensch bist, dem dieses Übel jemals widerfahren wird. Schon vor deiner Zeit litten die Menschen unter ihren Mitmenschen und Feinden. Sie fragten sich, warum ihnen so etwas Furchtbares geschieht und warum gerade sie dies erleben und ertragen müssten. So wie Millionen von Menschen vor dir unter ihren Feinden litten, so werden auch Millionen weitere Menschen nach dir unter ihren Feinden leiden. Kein Mensch ist dein geborener Feind. Feindseligkeit ist ein Teil der Natur des Menschen. Sie ist ein Teil dieser Welt.

Lass mich dir zeigen, wie du mit deinen Feinden tugendhaft verfahren solltest und dich vor ihrer Tugendlosigkeit wappnen kannst. Bias von Priene soll geschrieben haben: »Liebe die anderen, bedenke aber, dass sie deine Feinde werden können, denn die meisten von ihnen sind schlecht.«

Es heißt, dass befriedigte Männer nach dem Liebesspiel über ihre Gefühle und Geheimnisse reden. So manch ein Mann – und auch manche Frau – soll im Bett Dinge verraten haben, die er besser für sich behalten hätte, denn eines Tages entpuppte sich der geliebte Mensch als Feind. Goethe schrieb in seinem Roman *Wilhelm Meisters Wanderjahre*: »Wenn man einmal weiß, worauf alles ankommt, hört man auf, gesprächig zu sein.« Der beste Weg, deinem Feind einen Spielraum für seine falschen Taten zu bieten, ist, alles von dir preiszugeben. Zügle und mäßige daher deine Worte. Diesen Grundsatz vermittelte auch der Stoiker Marcus Porcius Cato der Jüngere: »Ich fange erst dann an zu sprechen, wenn ich

Zügle und mäßige deine Worte.

sicher bin, dass das, was ich sage, nicht besser unausgesprochen geblieben wäre.«

Bedenke also deine Worte, sie können gegen dich verwendet werden. Man wird sie dir im Mund umdrehen und behaupten, dass ihre Bedeutung anders war, als von dir beabsichtigt. Auch das ist ein Umstand, den du nicht verändern kannst. Doch kannst du deine Worte weise wählen und in solch einer Art zu deinen Freunden und Feinden sprechen, dass deine Worte keine Fragen offenlassen, du gehörst und verstanden wirst und deine Worte die richtige Bedeutung finden. Mäßige deine Worte, doch lass die Worte, die du für deine Mitmenschen findest, so klar sein, dass du sie weder schreien noch brüllen musst.

Du wirst merken, dass nur die Menschen sich öffentlich mit dir anlegen, die in dir ein Opfer sehen. Belehre sie eines Besseren. Sei lieber ein Wolf in einem Schafspelz als ein Schaf in einem Wolfsgewandt. Sobald deine Feinde merken, wen sie vor sich haben, werden sie statt Hochmut Respekt empfinden. Sie werden erkennen, dass du ihnen voraus bist und die Philosophie dir hilft, ein besseres Leben zu führen. Statt dich zu hassen, werden einige versuchen, dir nachzueifern. Der Rest wird dich weiterziehen lassen. Auch ihr Hass wird vergehen. Bedenke, dass auch deine Feinde eines Tages den Tod finden werden. Sie alle werden vergehen.

Versuche nicht, deine Feinde zu bezwingen. Gehe keinen offenen Kampf mit einem Kontrahenten ein, um von ihm einen Vorteil zu erzwingen. Gönne jedem deiner Feinde den Frieden und die innere Ruhe, die auch du suchst und begehrst. Kein Mensch ist absichtlich schlecht. Wenn du deine Ruhe und deinen Frieden für deine Feinde verlierst, was wirst du dann bereit sein, für deine Freunde zu verlieren? Nein, verliere niemals deine Tugend. Sei wie eine Zitadelle, wie eine große unbezwingbare Burg, die deine Feinde nie erobern können. In diese Burg, in dein Innerstes, kannst du dich zurückziehen, wann auch immer es dir danach verlangt. Dort kannst du Ruhe finden, wenn du das Gefühl hast, dass deine Feinde dich übermannen.

Denk an deinen Humor. Ist er nicht ein tolles Werkzeug, um die Lächerlichkeit und die Irrationalität der Taten und Worte deiner Feinde zu enttarnen und ihnen zu begegnen? Kannst du es sportlich nehmen? Wenn du dann den Impuls empfindest, deinen Feinden Kontra zu geben, so denke daran: Sei besser, indem du nicht so bist wie sie. Nutze deinen Witz und deinen Charm. Antworte auf eine Beleidigung mit den Worten: »Wie schade, dass du nicht alle meine Schwächen auflistest. Du scheinst ja gut über mich Bescheid zu wissen.« Du wirst erst auf die Beleidigungen deiner Feinde hereinfallen, wenn du sie persönlich nimmst. Wenn du dich dazu entscheidest, dass die Beleidigung dich trifft, so wird sie das auch. Entscheidest du dich hingegen dafür, dass sie dich nicht trifft, so wird das auch nicht geschehen.

Fälle dein Urteil mit Bedacht und überprüfe deinen Impuls. Du bist nicht das erste Gefühl, das in dir aufsteigt – selbst, wenn du deinen Feinden gerne den Kopf abreißen würdest. Lass den Impuls vergehen. Mäßige deinen Zorn. Mäßige dich. Alles Gute kann nur von dir ausgehen. Am Ende können auch deine Feinde von dir lernen.

Dein Seneca

BRIEF 26: ÜBER DEN ZORN

Lieber Leser, liebe Leserin,

du kennst dieses Gefühl – den zeitweiligen Wahnsinn, den wir Zorn nennen. Dieses Gefühl überkommt uns, weil wir etwas gesehen, gelesen oder gehört haben, das uns am Verstand der Menschen zweifeln lässt. »Wie konnte er das nur tun?« oder »Bin ich denn nur noch von Affen umgeben?«, fragen wir uns. Manchmal befällt uns eine Art Weltschmerz und wir können über die Menschheit nur noch den Kopf schütteln. »Dieses Land geht zugrunde«, schimpfen wir dann.

Haben wir erst einmal begonnen, den Zorn in uns zu wecken oder durch externe und unkontrollierbare Ereignisse wecken zu lassen, befinden wir uns in einer Abwärtsspirale. Je mehr wir den Zorn über uns verfügen lassen, desto größer wird er. Er multipliziert sich, bis er schlussendlich beginnt, sich ins Unermessliche zu exponenzieren. Der Zorn ist unbeherrschbar und somit ungerecht. Im Strudel des Zorns verlieren wir uns selbst und werden zu jenen Frevlern, die uns zuvor erzürnten. Anders gesagt, wirst du wie jene Menschen, die dich einst zornig gemacht haben. In den Momenten des Zorns und des Verlustes der Kontrolle über dich verlierst du die Tugend.

Der Zorn ist unbeherrschbar und somit ungerecht.

Die Gründe für den Zorn können mannigfaltig sein. Womöglich fühlst du dich zu Unrecht angeklagt, falsch behandelt oder missverstanden. Vielleicht ärgerst du dich über die Taten eines anderen Menschen oder über deine eigenen Fehler. Doch hast du schon einmal darüber nachgedacht, dass dein Zorn auch aufgrund deiner Bewertungen entstehen kann? Bist du vielleicht zornig, weil du entschieden hast, dass du schlecht behandelt wurdest, oder weil du entschieden hast, dass die Menschen um dich herum Narren sind?

In erster Linie sind deine falschen Bewertungen der Nährboden für den Ärger und Zorn. Eben weil du dir eine Meinung gebildet hast, von dieser nicht abweichen kannst und die Fehler in anderen erkennst, selbst aber nicht im Stande bist, über deine eigene Menschlichkeit zu richten, ärgerst du dich. Wenn du dich ärgerst, frage dich: »Würde ich an ihrer Stelle nicht genauso handeln?« Womöglich fehlen dir auch Einblicke und Erkenntnisse, um weise zu beurteilen, was andere klarer und deutlicher erkennen können. Fehlen dir nicht vielleicht Informationen, mit denen du, wenn du sie haben würdest, nicht aufbrausend und wütend wärst?

Viel zu oft ereilt uns der Zorn, weil wir uns selbst im Wege stehen. Statt die Wahrheit zu suchen, formen wir unsere Meinungen auf der Basis beschränkter Informationen. Wir sehen eine Anzahl an ignoranten Menschen und verallgemeinern. »Ich bin nur noch von Dummköpfen umgeben.« Wir hören die Meinung von einer politischen Partei und sagen: »Alle Politiker sind korrupt und gierig.« Wir schauen die Nachrichten und regen uns auf: »Diese Welt geht den Bach runter.«

Mach nicht den Fehler, dich von einer Wahrheit zu entfernen, weil du sie als negativ erachtest. Zu viele behaupten, dass sie die Wahrheit kennen würden, weil sie sich von negativen Informationen fernhielten. Erkenne stattdessen, dass die scheinbare Wahrheit – präsentiert durch Medien, Informationen und Meinungen – nur eine von vielen Wahrheiten ist. Sie ist weder positiv noch negativ. Sie existiert einfach nur inmitten vieler anderer. Erst deine Beurteilung macht sie zu dem, worüber du dich aufregst. Du kannst dich nicht von negativen Dingen fernhalten. Du kannst sie aber stattdessen neu bewerten. So wirst du merken, dass sie einen neuen Umhang bekommen und überhaupt nicht negativ waren. Dein Urteil machte sie erst dazu.

Wenn du den Zorn bezwingen willst, bevor er entsteht, so hinterfrage deine eigenen Urteile. Deine Urteile bestimmen darüber, ob du über dich richtest oder Gnade walten lässt. So kannst du dem Zorn Einhalt gebieten und ihn gar nicht erst entstehen lassen. Frage dich also bei allen Dingen, über die du dir ein Urteil bildest oder schon gebildet hast: »Ist dies die Wahrheit oder ist mein Blick und meine Meinung verzerrt durch einen Mangel an Objektivität? « Du wirst erkennen, dass es dir immer an Objektivität mangelt und du dich immer verbessern kannst. Deine kontinuierliche Verbesserung tritt dem Zorn mutig entgegen und macht ihn zunichte.

Doch was tun, wenn der Zorn bereits in dir aufgelodert ist? Wie kannst du ihm dann noch Einhalt gebieten? Wenn der Zorn über dich kommt und du dich maßlos ärgerst, dann sage dir: »Ich werde zornig. Lass mich den Zorn aufschieben und später wütend sein.« Das beste Heilmittel gegen den Zorn ist tatsächlich der Aufschub. Du wirst merken, dass du dich später gar nicht mehr so sehr ärgerst. Der einstige Grund für den Ärger wird keine Macht mehr über dich haben.

Das beste Heilmittel gegen den Zorn ist der Aufschub.

Je stärker der Zorn ist, desto schwächer wird die Vernunft in dir. Lass das nicht zu. Gib deiner Vernunft stets den Vorrang, da die leidenschaftlichen Gefühle deine Vernunft zerstören und dein Leben korrumpieren können. Aristoteles sprach ebenfalls über den Zorn. Er beschrieb diesen als das Verlangen, Schmerzen zu vergelten. Doch es ist nicht deine Aufgabe, Schmerzen zu vergelten, deinem Ärger Raum zu bieten und unvernünftig zu handeln.

Als Teil dieser Welt ist es nicht deine Aufgabe, anderen oder dir zu schaden. Auch dir wird nicht wehgetan, wenn du den Ärger nicht anerkennst. Du magst beleidigt und verletzt werden, woraufhin du zornig wirst. Doch wurdest du das wirklich? Wenn du dir sagst, dass du nicht verletzt wurdest, wurdest du es auch nicht. Wenn dich jemand beleidigt und du dir sagst, dass dich diese Beleidigung nicht getroffen hat, so hat es auch niemals eine wirkliche Beleidigung gegeben. Somit verfällt der eigentliche Grund, zornig oder wütend zu werden. Der Zorn sucht nach Gründen. Warum solltest du ihm solche Gründe geben wollen? Entscheide dich dafür, dass dich Beleidigungen, Pein, Leid und Schmerz nicht treffen und urteile lieber zwei Mal statt zu früh und du wirst dem Zorn immer ein würdiger Gegner sein.

Dein Seneca

BRIEF 27: ÜBER DIE ANGST

Lieber Leser, liebe Leserin,

jeder Mensch wird von verschiedenen Ängsten geplagt. Da bist du keine Ausnahme. Doch denke immer daran, dass dir die Angst genommen werden kann. Wenn du in ein Becken voller Haie springst, so wird dich vor dem Sprung die Angst packen und dir Sorgen bereiten. »Was ist, wenn ich angegriffen werde oder ich vom Hai gefressen werde?« Die Gefahr mag real sein, doch die Angst ist es nicht. Wenn du die Wahrheit erkennst, wirst du sehen, dass du nichts anderes tust, als mit großen Fischen im Wasser zu schwimmen. Versuche deshalb immer, jede Angst durch ein »Glas der Wahrheit« zu betrachten. Was ist wahr, und was geschieht nur in deiner Vorstellung? Häufig spielt uns unsere Vorstellungskraft einen Streich. Dein Verstand wird dir dein ganzes Leben lang eine Krise nach der anderen zeigen, doch ein sehr großer Teil dieser Krisen wird niemals geschehen.

Die Furcht ist eine Folge der Hoffnung. »Was ist, wenn alles schiefgeht? Was ist, wenn er mich doch nicht liebt? Was ist, wenn ich den Job nicht bekomme? Was ist, wenn ich kein Geld mehr verdiene? Was ist, wenn ich krank werde? Was ist, wenn ich keine guten Noten bekommen werde?« Wir hoffen, dass uns das Unglück nicht ereilen wird. Niemand möchte ungeliebt, arm, pleite, krank und auch noch arbeitslos sein. Wir hoffen, dass alles so verlaufen wird, wie wir es uns wünschen und erhoffen. Gerade weil wir hoffen, fürchten wir uns. Du wirst aufhören zu fürchten, wenn du aufhörst zu hoffen.

In unserer heutigen Zeit gilt die Hoffnung als etwas Wundervolles. Wer hofft, der hat noch nicht aufgegeben, und wer nicht aufgibt, kann noch kämpfen. Das klingt zunächst einmal gar nicht schlecht. Das Problem aber ist, dass du mit jeder deiner Hoffnungen gegen dein Schicksal ankämpfst, indem du versuchst, es selbst zu bestimmen und zu lenken. Doch die meisten Dinge liegen außerhalb deiner Kontrolle. Diese Kontrolle jedoch abzugeben, ängstigt die Menschen sehr. Sie wissen nicht, ob sie erfolgreiche Geschäfte tätigen können oder gar wann sie sterben werden. Sie hoffen allerdings, dass sie immer genug Geld verdienen werden, die Beachtung anderer erfahren und noch viele Jahre zu leben haben. Wenn ihre Hoffnungen jedoch nicht ihrem Schicksal entsprechen, beginnt ihre Furcht sich auf ihren Verstand auszuweiten. An dieser Stelle wird die Hoffnung zum Wahnsinn. In diesem Wahnsinn verlieren sich die Menschen. Sie sehen ihr Unglück, wo sie dankbar sein könnten. Sie sehen den Tod, wo das Leben existiert, und verlieren den Glauben an sich selbst, obwohl sie genau diesen doch wertschätzen sollten.

Kontrolle abzugeben, ängstigt die Menschen sehr.

Das beste Heilmittel gegen die Furcht ist die Milde. Doch Barmherzigkeit ist nur dann möglich, wenn du deinen Fehler eingestehst und dich von dem, was du fürchtest, distanzierst. Betrachte das, was du fürchtest, von oben, und gib deine emotionale Bewertung des Sachverhalts auf. Was siehst du nun noch? Kannst du erkennen, dass das, wovor du dich einst gefürchtet hast, doch nur eine Kleinigkeit und nicht der Rede wert ist? Sind denn aus der Distanz betrachtet die Meinung anderer, die Fehler von gestern, die unendlichen Möglichkeiten von morgen überhaupt noch von Relevanz für dein gutes Leben?

Der Mensch hat vor allem vor zwei Dingen Angst: dem Tod und der Armut. Vor dem Tod musst du dich nicht fürchten. Wenn du dich fürchten willst, so fürchte dich eher vor dem ungelebten Leben, das du am Tage deines Todes so bereuen wirst. Reue ist schlimmer als Angst. Im Moment der Angst kannst du die Angst beherrschen und die Kontrolle über deinen Verstand und deine Taten zurückgewinnen. Reue hingegen ist endlos, und die Vergangenheit kann nicht ungeschehen gemacht werden.

Reue ist schlimmer als Angst.

Auch die Angst vor der Armut ist eine Illusion, die du vermeiden solltest. Immer wenn du dir Sorgen machst, ob du einen Job bekommen wirst, ob du genug Geld verdienen wirst, ob du dir das neue Auto leisten werden wirst, ob dich andere in einfacher statt moderner Kleidung akzeptieren und respektieren werden oder ob du aufgrund deiner finanziellen Umstände Anerkennung finden wirst, so pflegst du eine Form der Angst, die wir als die Angst vor der Armut bezeichnen wollen. Wenn du auch diese Angst aus der Ferne betrachtest, wirst du erkennen können, dass all diese Anerkennungen, Entscheidungen und Meinungen die Aufgabe der anderen sind und außerhalb deiner Kontrolle liegen. Warum also fürchtest du dich vor Dingen, die außerhalb deiner Kontrolle liegen, wenn doch alles, was du für ein gutes Leben brauchst, von dir ausgeht?

Solange du einen exzellenten Charakter beweist, fleißig und hart arbeitest, solange du an dir selbst arbeitest, dich verbesserst, streng mit dir selbst bist und dich den höchsten aller Maßstäben unterwirfst, wird es dir niemals an etwas mangeln. Womöglich werden dir nicht alle Blicke fremder Menschen gefallen und ihre Anerkennung mag ausbleiben. Doch brauchst du diese wirklich für ein gutes Leben? Gib diese Hoffnungen auf und konzentriere dich stattdessen auf das Gute, das von dir ausgeht. Hierüber hast du die Kontrolle. So kannst du deine Angst bezwingen und erkennen, dass sie von Anfang an nicht real und echt war. Nutze deinen Verstand und suche die Wahrheit. Lass dich nicht von deinen Hoffnungen und Wünschen zur Angst verführen.

Dein Seneca

BRIEF 28: ÜBER DAS GLÜCK

Lieber Leser, liebe Leserin,

> **Der Einsichtige kann glücklich sein.**

ab wann kannst du von dir selbst behaupten, dass du wirklich glücklich bist? Wie kannst du das Glück greifen oder gar messbar machen? Es scheint, als hätte jeder Mensch eine andere Auffassung vom Glück. Der eine mag sagen, dass nach langen Phasen der Krankheit nun seine Gesundheit das höchste Glück sei. Ein anderer wiederum empfindet Reichtum und Geld als sein Glück. Doch in Wahrheit kann derjenige glücklich genannt werden, der weder von Begierde noch von Furcht erregt wird – dank seiner vernünftigen Einsicht. Der Einsichtige kann glücklich sein. Die Erkenntnis folgt der Einsicht, und so kannst du nur dann glücklich werden, wenn du verstehst, was alles kein wahres Glück zu sein vermag. Wer wünscht sich nicht ein glückliches Leben? Aber um zu erkennen, was uns zum Lebensglück verhelfen kann, dazu fehlt uns der richtige Blick. So müssen wir lernen, das Glück erkennen zu können, indem wir die Einsicht erlangen, was wirklich zählt im Leben.

Glücklich ist, wer angenehme Dinge schätzt, ohne sein Herz daran zu hängen, und wer eine gesunde Einstellung zur Realität hat. Zu häufig klagen wir darüber, dass uns das Glück verlassen habe. Doch wie kann das Glück dich verlassen, wenn es von Anfang an nie an etwas hing? Das Problem ist häufig, dass wir unser Glück an die Dinge oder Menschen binden und glauben, dass das Glück nur so lange da sein kann, wie der Mensch oder die Sache bei uns bleibt. Ohne Gesellschaft ist Glück unmöglich, nicht wahr? Wenn du jedoch dein Glück von anderen abhängig machst, so legst du dein Schicksal in die Hände anderer. Das Glück liegt im Loslassen, nicht im Festhalten.

Allzu großes Glück macht gierig. Wenn wir alles haben, glauben wir, dass wir glücklich sind. Nach einer Weile jedoch bemerken wir, dass es kein wahres Glück ist. Wir verwechseln Komfort und Zufriedenheit mit echtem Glück. Entweder du bist glücklich oder du bist es nicht; und so kommt es, dass wir unersättlich immer nach mehr verlangen und unser Glück noch weiter maximieren wollen, obwohl wir bereits glücklich sind. So macht das Glück die Herzen der Menschen hochmütig.

Wenn du glücklich sein möchtest, hänge dein Glück nicht an die Dinge oder die Taten anderer Menschen. Binde dein Glück nicht, sondern genieße es in jedem Moment, in dem es anwesend ist. Wenn dein Glück dich dann verlässt, so sage dir: »Was für ein Glück es doch war, diese Zeit erlebt haben zu dürfen!« In den Zeiten, die du als glücklos wahrnimmst, sage dir: »In dieser schwierigen Zeit will ich mir mein kommendes Glück durch Tugendhaftigkeit und gerechtes Handeln verdienen.«

Das Glück ist launisch. Mal verlässt es dich, um später wiederzukehren. Manchmal lässt es auf sich warten. Schlussendlich bevorzugt das Glück die Menschen, die sich auf die Ankunft des Glücks vorbereiten. Vertraue auf dein Glück – und du ziehst es herbei, denn Glück ist, was passiert, wenn Vorbereitung auf Gelegenheit trifft. Das Glück bevorzugt die Tapferen, die Mutigen, die Gerechten und die Disziplinierten. Das Glück bevorzugt die Tugendhaften. Mach dich also für das Glück attraktiv, indem du redlich lebst und es bei dir ein angenehmes Plätzchen zum Verweilen fin-

Vertraue auf dein Glück – und du ziehst es herbei.

det. Das Glück ereilt vor allem die tugendhaften, hart arbeitenden Menschen und die Genügsamen.

Es existiert kein Glück darin, all deine Wünsche, Begierden und Leidenschaften zu erfüllen. Schon hinter der nächsten Ecke lauern neue Wünsche und Bedürfnisse auf dich. Es wird sich so anfühlen, als ob das Glück dich verlassen hätte. Dabei machst du das Glück zu deinem Diener, der dich preisen und erfüllen soll. Behandle das Glück stattdessen wie einen Gast, über dessen Anwesenheit du dich so lange freust, bis du ihn verabschiedest und dich auf ein erneutes Wiedersehen freuen kannst.

Das Glück dient dir und deinem authentischen Weg. Es fordert dafür keine Geschenke und kein Lob anderer. Daher strebe nicht nach dem, was andere besitzen und vergleiche dich nicht mit anderen Menschen. Dies missfällt dem Glück – der Vergleich mit anderen Menschen ist ein Garant für dein Unglück. Erwarte stattdessen freudig das, was das Glück für dich bereithält. Selbst wenn sich dein Glück zunächst nach Arbeit und Widrigkeiten anfühlt, so soll dies doch der Weg zur Glückseligkeit sein.

Erkenne, dass es nicht viel braucht, um ein glückliches Leben zu führen. Vermeide es, das Glück zu ignorieren, indem du dich auf all das Negative in deinem Leben stürzt und dich in Selbstmitleid badest. In einem Bad voller Mitleid und Kummer wirst du dein Glück auch nicht finden! Erlange stattdessen die Einsicht, dass das Glück in einigen Bereichen deines Lebens bereits angekommen ist. Schenke diesen Bereichen deine Aufmerksamkeit und erfreue dich daran. Alle anderen Bereiche erwarten noch die Ankunft des Glücks. Bis dahin, sei ein guter Hafen für die Ankunft neuen Glücks, so dass es sich in Zukunft auch bei dir wohl fühlen kann.

Dein Seneca

BRIEF 29: ÜBER DIE ZEIT

Lieber Leser, liebe Leserin,

sie ist das einzige Gut, das dir gegeben wurde: deine Lebenszeit. Jeden Tag entscheidest du neu darüber, wie du sie nutzen möchtest. Verschwendest du deine Zeit, indem du in der Vergangenheit lebst, oder negierst du den heutigen Tag, indem du in einer fernen, noch nicht eingetroffenen Zukunft existierst? Du hast so viele Wahlmöglichkeiten über deine Zeit. Niemand nimmt dir die Entscheidungen über deine Lebenszeit ab. Für deine Lebenszeit bist nur du verantwortlich, und nur du musst deine Entscheidungen gegenüber dir selbst rechtfertigen. Bedenke dabei, dass kein einziger Tag, keine Stunde und kein Ereignis jemals wiederkehren wird. Wenn deine Schultage vergangen sind, sind sie für immer fort. Wenn die Tage mit deiner Familie vergangen sind, so sind sie für immer fort. Wenn die Zeit mit deinen Freunden dahin ist, ist sie für immer vergangen. Du kannst die Zeit nicht zurückdrehen und keinen Augenblick zweimal erleben. Bedenke, dass auch du eines Tages diese Welt verlassen wirst und deine Sanduhr sich nicht mehr umdrehen lässt. Lass dies jede deiner Entscheidungen und Taten kontrollieren und leiten.

Niemand nimmt dir die Entscheidungen über deine Lebenszeit ab.

Sag niemals, dass du keine Zeit hast. Sprich die Wahrheit. Wenn du vorgibst, keine Zeit zu haben, so meinst du doch in Wahrheit, dass du andere Prioritäten hast und deine Zeit anders nutzen möchtest. Du hast Zeit, wie jedermann Zeit hat, wenn er nur will. Nichts ist unser wahres Eigentum, außer der

Zeit. Wähle also weise, wie du mit deiner Zeit umgehst. Lass deine Zeit nicht unkontrolliert davonfliegen. Die Zeit ist knapp, aber lang genug, wenn du weißt, wie man die Zeit gut verbringt und gut lebt. Die kürzeste Zeit ist dabei die Gegenwart – sie hört auf zu sein, ehe sie kommt. So lebe vor allem im Hier und Jetzt, und lass dich nicht von den Zielen anderer Menschen ablenken.

Frag dich bei allen Dingen, die deine Zeit kosten könnten: »Ist dies notwendig?« Zu allen Dingen, zu denen du nicht klipp und klar »Ja« sagst, musst du automatisch »Nein« sagen. Wenn deine Zeit von jenen Dingen belagert wird, die du ungern machst, aber die sein müssen, so versuche, diese Zeit so gut wie nur möglich zu verbringen, indem du besonders während dieser Zeit deine Tugendhaftigkeit und einen exzellenten Charakter beweist. Sage dir: »Ich habe keine große Lust, hiermit meine Zeit zu verbringen, jedoch ist dies ein Teil meines Weges. Es ist eine Übung. Lass mich meine kostbare Zeit also mit dieser Übung verbringen und mein bestes Ich sein, während die mangelnde Motivation mich zu bezwingen sucht.«

Achte auf deine Zeit, wenn du sie mit anderen Menschen verbringst. Erstens, was die Menschen anbelangt, mit denen man es zu tun hat, so ist eine Auswahl ganz unerlässlich. Frage dich: »Sind sie es wert, dass ich einen Teil meiner Zeit an sie verwende?« Zweitens, wenn die Menschen deine Zeit wert sind, so verbringe sie ganz bei ihnen. Sei vollkommen in diesem Moment anwesend und für sie da. Verspäte dich nicht und sei pünktlich. Schätze ihre Zeit, so wie du deine Zeit wertschätzt. Erhält deine Zeit keine Wertschätzung, so ziehe daraus die entsprechenden Rückschlüsse. Drittens, blicke nicht zurück, wenn deine Zeit vergangen ist und sie nicht wertgeschätzt wurde. Lass los. Du hast keine Zeit, um an vergangenen Zeiten festzuhalten. Deine Gegenwart schwindet mit jedem Augenblick, in dem du dich dafür entscheidest, dein Leben für vergangene Zeiten zu vergeuden.

Nicht alle Zeiten sind leicht, und nicht alle Zeiten sind gut. Es gibt Zeiten, in denen das Weiterleben selbst eine Tat von Kühnheit ist. Doch bleib im Spiel des Lebens. Bedenke, dass die schweren Zeiten eine Prüfung und Übung sind. Es liegt nicht an dir zu entscheiden, wann dich die schweren Zeiten prüfen werden. Es liegt jedoch an dir, wie du mit diesen Zeiten umgehen wirst. Wirst du einen exzellenten Charakter beweisen oder jammernd die Zeit bedauern? Sage dir in den besonders schweren Zeiten: »Diese Zeit ist die nächste Prüfung und eine neue Chance für mich, besser zu werden. Arete!«

Die schweren Zeiten mögen deinen Körper fordern und sogar schwächen. Doch deinen Geist werden sie nur fordern, wenn du das zulässt. Die Herrschaft über deinen Geist bleibt bei dir. Übernimm so die Kontrolle über das Steuer deines Lebens. Keine Zeit vermag es, dich zu brechen, wenn du es dem Rad der Zeit nicht gewährst. Die Zeit wird die Wahrheit offenbaren – die Wahrheit über den Charakter, die Tugendhaftigkeit und das Leben. Was der Verstand dabei nicht bessern kann, bessert oft die Zeit. So werden auch die schweren Zeiten neuen Tagen weichen. So oder so: Alles ist eine Zeit, um sich selbst zu prüfen und tugendhaft zu leben.

Dein Seneca

BRIEF 30: ÜBER DEN TOD

Lieber Leser, liebe Leserin,

die einzige Sicherheit im Leben ist der Tod. Gut zu leben, bedeutet auch, den Tod als ständigen Begleiter zu akzeptieren. Meist glauben wir, dass der kurze Moment zwischen der Geburt und dem Tod das Leben sei, dabei ist der Tod unser ständiger täglicher Begleiter. Schritt für Schritt nähern wir uns dem Tode, oder richtiger, gehen wir neben ihm her. So ist der Tod ein Teil des Lebens und das Leben ein Teil des Todes. Jeden Tag verlieren wir ein Stück von unserem Leben, und an jedem Tage, an dem wir leben, hat der Tod seinen Anteil.

Es ist ungewiss, wo der Tod dich erwartet; erwarte ihn also, wo du auch willst. Lege die Angst vor dem Tod ab. Warum solltest du ihn denn fürchten? Was ist schmerzlich daran, dorthin zurückzukehren, woher man gekommen ist? In Wahrheit fürchten wir nicht den Tod, sondern die Vorstellung von ihm. Wer den Tod fürchtet, wird niemals wie ein lebensfroher Mensch handeln. Wenn du also glücklich leben willst, dann lege deine falsche Vorstellung vom Tod ab.

In Wahrheit fürchten wir nicht den Tod, sondern die Vorstellung von ihm.

Glaub nicht, dass der Tod nur *dein* Schicksal sei. Jeder von uns ist des Todes und wird eines Tages sein Ende finden. Die Asche macht alle gleich. Selbst die Mächtigsten, Schönsten und Reichsten unter uns sind des Todes und werden eines Tages alles verlieren. Auch deine Feinde werden vergehen. Was

Schrecklicheres als den Tod könntest du deinem Feind auch wünschen? Auch sie werden sterben, ohne dass du einen Finger rührst. Auch deine Liebsten werden vergehen. Erinnere dich deshalb an ihre und deine Sterblichkeit. Bedenke, dass kein Tod von größerer oder geringerer Bedeutung ist. Bei allen hat er nämlich dasselbe Maß, das Leben beendet zu haben.

Was ist für dich schwerer zu ertragen: der Tod deiner Liebsten oder dein eigenes Ende? Der Tod deiner Liebsten wird eine Prüfung sein. Dein eigener Tod wird deine letzte Prüfung sein. Lehne den Tod also nicht ab, denn wer den Tod ablehnt, der lehnt das Leben ab. Das Leben ist uns nur mit der Auflage des Todes geschenkt – es ist sozusagen der Weg dorthin. Dass wir den Tod in die Zukunft verlegen, ist die größte aller Selbsttäuschungen, der wir uns hingeben. Zu einem Teil liegt der Tod schon hinter uns, alles vergangene Leben liegt in den Bannen des Todes.

Wer den Tod in der Zukunft fürchtet, verpasst den heutigen Tag, und wer den Tod negiert, negiert das heutige Leben. Erkenne, dass jeder vergangene Tag für immer dahin ist, er kehrt niemals wieder und die vergangene Zeit gehört auf immer dem Tod. Doch trauere nicht um die vergangene Zeit. Betrachte all dies als vergangen. Nimm nun, was noch von deinem Leben übrig ist, und lebe es so, als würde dieses Leben niemals wiederkehren.

Wer den Tod in der Zukunft fürchtet, verpasst den heutigen Tag.

Kannst du sehen, wie leicht es den Menschen fällt, ihre Zeit zu verschwenden oder sie anderen Menschen zu überlassen? Die gleichen Menschen verschenken lieber ihre Zeit, als ihr Geld oder ihre Einkünfte. Sie leben so, als würde das Morgen für sie gewiss sein, unwissend wann der Tod sie umarmen wird. Sie scheinen nicht verstanden zu haben, dass ihre Zeit endlich ist und sie immer noch neues Geld verdienen werden können. Wie viel Zeit jedoch kannst du neu verdienen, neu erwirtschaften und neu erhalten? Sobald die Zeit vergangen ist, ist sie für immer vergangen. Sie ist unwiderruflich dahin und kann niemals wieder zu dir zurückkehren.

Schätze nur die Dinge im Leben wert, die unendlich wertvoll sind. Dies sind vor allem deine Zeit und die Möglichkeit, die dir gegebene Zeit für jene Menschen einzusetzen, die dich lieben und denen deine Liebe gehört. Der schlimmste Verlust des Lebens ist die Reue. Vermeide es deshalb, deine Lebenszeit für die Dinge einzusetzen, die keinen wahren Wert haben. Auch wenn die Gesellschaft, dein Nachbar, deine Freunde und deine Bekannten dir von den scheinbar wirklich wichtigen Dingen im Leben berichten, so betrachte nur ihre Handlungen und frage dich: »Leben sie gemäß ihren eigenen Ratschlägen, oder haben sie nur leere Worte im Angebot?«

Es liegt an dir, darüber zu entscheiden, wie du deine Lebenszeit verwendest und wie du dich auf den Todestag vorbereitest. Es liegt nur an dir, wie du dem Tod gegenübertrittst und mit dem Tod geliebter Menschen umgehst, bevor und nachdem sie gestorben sind. Sage dir schon heute: »All diese Dinge, diese Menschen und auch meine Allerliebsten werden eines kommenden Tages sterben. Lass mich diesen Moment daher besonders intensiv wahrnehmen und für ihn dankbar sein.«

Wenn der Tod dann eines Tages auch dich ereilen wird, so begrüße ihn wie einen alten Freund und sage ihm: »Ich habe dich erwartet.« Wir sind in niemandes Gewalt, während der Tod in unserer Gewalt ist, wenn du bereits vor deinem Tod diesen Tag in Gedanken erlebt hast und dich entsprechend auf ihn vorbereitet hast. Der Tod wird dich nicht überraschen können, wenn du ihn vor seiner Ankunft bereits erwartet hast.

Dann, wenn du den Tod begrüßt, lass das Leben und all deine Erfahrungen hinter dir. Geh mit einem dankbaren Lächeln für die schöne Zeit. Geh, ohne zu bereuen, ohne es nochmal erleben zu wollen, ohne zu klagen und ohne Verlangen. Geh in tiefer Dankbarkeit und kehre in Frieden heim.

Dein Seneca

BRIEF 31: ÜBER DIE TRAUER

Lieber Leser, liebe Leserin,

Trauer ist menschlich. Verbiete dir nicht deine Tränen und das Gefühl des Verlusts. Die Proklamierung der Härte und Strenge verbietet dir deine Menschlichkeit und ist schlichtweg falsch. Traue den Menschen nicht, die deine Trauer in Abrede stellen wollen oder deine Tränen verteufeln. Sei ein Mensch und weine. Trauere in den Momenten des Verlusts. Erlaube dir zu weinen und deine Tränen fließen zu lassen. Doch erlaube dir auch, du selbst zu bleiben. Verliere dich nicht in der Trauer, auch wenn die Momente dunkel erscheinen. Selbst wenn du das Gefühl hast, alles verloren zu haben, so erinnere dich daran, dass es zu deiner Natur gehört zu leben. Die Trauer ist ein Teil deines Lebens, und wir alle trauern in unserem Leben eine Zeit lang. Doch kehre auch wieder zurück. Erlaube dir, wieder das Licht zu finden, nachdem du dir eine Zeit für dich genommen hast, um zu weinen, zu trauern und dich zurückzuziehen. Sage dir: »Ich will mir nun die Zeit nehmen, um zu weinen und zu trauern. Danach werde ich wieder zurückfinden.« Lass nicht zu, dass die Trauer das Beste in dir übermannt und einnimmt. Kehre nach einer Weile auch wieder in das Leben zurück, dessen Wille es ist, gelebt zu werden. Dies scheint leichter gesagt als getan, nicht wahr?

Die Trauer ist ein Teil deines Lebens.

Wie sollen wir unsere Trauer nur überwinden, wenn der Schmerz und der Verlust so unendlich sind? Es gibt einen großen Unterschied, ob du dich willenlos deinem Schmerz hingibst und ihn dein Leben kontrollieren lässt, oder ob du selbst über das Ende deiner Trauer bestimmen willst. Du kannst es. Dort, wo Dankbarkeit herrscht, kann keine Trauer regieren. Klage also nicht über den Verlust, sondern bedanke dich für die gemeinsame Zeit, die euch geschenkt wurde. Die Menschen sind fort, doch haben sie dir keine Trauer dagelassen, sondern die Erinnerung an sie. Diese Erinnerung kann dir keiner mehr nehmen. Sie gehört dir. Du verfügst über sie. Kannst du dich in tiefer Dankbarkeit an die vergangenen schönen Zeiten erinnern? Kannst du ihr Lächeln in deinem Geist sehen, ihr Lachen hören und ihre Umarmungen spüren? Schau, sie sind immer noch bei dir. Zu jedem Zeitpunkt kannst du dir die verloren gegangenen Menschen wieder in Erinnerung rufen, bei ihnen sein, mit ihnen lachen, weinen, die Freude und auch die Dankbarkeit empfinden und teilen. Du musst nur deine Augen schließen, um bei ihnen zu sein.

Ist es denn nicht ein großes Geschenk gewesen, sie in deinem Leben gehabt zu haben? Du trauerst, weil sie da waren und nun fort sind, dich hiergelassen und der Tod sie dir entrissen hat. Doch auch du wirst eines Tages dem Tod begegnen und ihnen folgen. Bis dahin jedoch bist du am Leben, und dieses Leben will gelebt sein. Würden sie dir dies nicht wünschen? Wenn du deine Trauer also mildern willst, so ersetze das Klagen durch Dankbarkeit. Erinnere dich an die schönen Momente, und schenke dir ein Lächeln. Denk an all die Geschenke und Gaben, die dir durch diese Menschen zuteilwurden und die dir noch heute dienen. Kannst du denn nicht dafür dankbar sein? Du wirst merken, dass die tief emp-

Wenn du deine Trauer also mildern willst, so ersetze das Klagen durch Dankbarkeit.

fundene Dankbarkeit die Trauer mildert und sogar eines Tages ersetzen wird. Was dann bleibt, ist die Erinnerung an die schönen Zeiten.

Klage nicht und bereue nicht die Worte, die du noch hättest sagen wollen. Bereue nicht die Taten, die du noch teilen wolltest. In der Vergangenheit zu leben, bedeutet, in der Gegenwart zu leiden. Sei stattdessen zutiefst dankbar für das, was ihr gemeinsam teilen konntet. Die Zeit, die Worte, die Erlebnisse und Abenteuer, die ihr gemeinsam erleben durftet. Die Dankbarkeit ersetzt die Trauer, sobald du dir dies erlaubst.

Bedenke, dass wir alle des Todes sind und all die geliebten Menschen in deinem Leben, dich eines Tages verlassen werden. Jene, die dich nicht verlassen, wirst du am Ende verlassen. Euer gemeinsamer Weg ist endlich. Mach dir dies immer wieder bewusst. Je häufiger du über diese Dinge meditieren wirst, desto mehr wirst du die Angst vor dem Tod verlieren. Wenn die Trauer dann zu dir kommt, begrüße sie wie einen alten Freund, den du schon lange im Voraus erwartet hast. Wenn dieser Zeitpunkt gekommen ist, dann sage dir: »Ich habe dich erwartet.«

Epiktet lehrte, dass wir nicht über den Verlust klagen sollten, sondern stattdessen uns eingestehen müssen, dass das, was wir im Leben hatten, nur eine Leihgabe war. Wir sollen uns also sagen: »Es wurde zurückgegeben«, denn nichts währt ewig in diesem Leben, und alles ist dazu verdammt, uns eines Tages zu verlassen. In diesen Momenten solltest du dir sagen: »Nun trauere ich. Doch wer sind die Menschen, die noch bei mir sind und nun meine Liebe brauchen?« Vergiss nicht, dass du nicht der einzige Mensch bist, der trauert, und die Trauer ein Teil deiner Natur ist. Milliarden von Menschen haben vor dir getrauert und Milliarden weitere Menschen werden nach dir trauern. Lass die Trauer dir nicht deine Tugend nehmen und bewahre das Beste an dir. So haben es sich die Verlorenen in deinem Leben für dich gewünscht.

Dein Seneca

BRIEF 32: ÜBER DAS ALTERN

Lieber Leser, liebe Leserin,

in deinen jungen Jahren wirst du das Gefühl haben, unsterblich zu sein. Das hohe Alter, der gewisse Tod und auch das Sterben deiner Freunde, Liebsten, Verwandten und deiner Familie scheint noch fern. Doch was man ein hohes Alter nennt, ist nur der Ablauf weniger Jahre. Plötzlich wunderst du dich, wie schnell die Zeit vergangen ist. Volljährigkeit, das erste Mal selbst Auto fahren, der Schulabschluss, die Ausbildung oder das Studium, die langen Jahre des Lernens und des Arbeitens und urplötzlich ist ein halbes Jahrhundert vergangen. Versuche, diese kostbaren Jahre gut zu leben, glücklich zu sein und tugendhaft zu agieren. Doch bedenke, dass nichts von dem, was heute Bestand hat, morgen noch so existieren wird. Nichts wird dort stehen bleiben, wo es jetzt ist, alles wird das Alter niederwerfen und mit sich fortreißen. Das Alter ist eine unheilbare Krankheit, auch wenn sich einige von uns immer noch wünschen, ewig weiterzuleben.

Nichts von dem, was heute Bestand hat, wird morgen noch so existieren.

Lebe dein Leben so, dass du im Alter mehr vorzuweisen hast, als nur die Summe deiner Lebensjahre. Dafür ist nicht wichtig, ob du große Errungenschaften vorzuweisen hast, viel Geld verdient hast, schöne Weggefährten genossen hast oder eine besonders große Familie aufbauen konntest. Bedenke, dass der Bauer und der König am Ende in die gleiche Kiste springen werden. Was zählt, ist, dass du deinen Weg würdevoll gegangen bist, tugendhaft gelebt hast und du einen exzellenten Charakter beweisen konntest. In all deinen Jahren ist es deine Aufgabe, dich zu verbessern – zum Wohle der Familie, der Gemeinschaft, deines Landes und der Welt.

Im hohen Alter dann wirst du dir keine Sorgen mehr darüber machen, was andere von dir halten oder denken mögen. Du wirst durch Weisheit die Erkenntnis erlangen, dass die Anerkennung anderer nur Schall und Rauch ist. Sie kann dich niemals glücklich machen. Warum also strebst du noch danach, wenn die einzige Anerkennung, die du benötigst, die Anerkennung deiner selbst ist? Was bringt dir der Neid der Besucher deines Grabes? Was erhoffst du dir von den kurzen Blicken anderer? Glaubst du, dass das Gefühl von Übergröße und Dominanz die Qualität deines Lebens und Alterns verbessern kann?

Das Leben ist lang, wenn wir wissen, wie wir es gut leben. Kurz ist das Leben nur, wenn wir es täglich verschwenden. Wenn du das Altern ablehnst, so lehnst du das Leben ab. Jede deiner Lebensphasen kann eine schöne Zeit sein, wenn du es dir denn selbst erlaubst. Was du in jungen Jahren vermisst, wirst du zu fortgeschrittener Zeit besitzen und umgekehrt. Wenn du jung bist, mangelt es dir an Geld und finanzieller Freiheit. Dein Körper jedoch ist stark, schnell und voller Energie. Im Alter wird sich das Blatt wenden, und du wirst mehr Geld als in deinen Jugendjahren besitzen. Doch je älter du wirst, desto schwerer werden dir einige Dinge fallen. Achte deshalb besonders darauf, dass du dir, während du alterst, auch Exzellenz in deinen Taten beweist. Kümmere dich um deine Gesundheit, treibe Sport, ernähre dich gesund und akzeptiere kein Mittelmaß. Die Rechnung für schlechte Entscheidungen zahlst du erst mit der Zeit. Es gibt keine Rückerstattung, kein Umtauschen und keinen Garantiefall. Für deine Taten musst du dich am Ende deines Lebens rechtfertigen können.

Schritt für Schritt nähern wir uns dem Tode, oder richtiger, gehen wir neben ihm her. Jeden Tag verlieren wir ein Stück von unserem Leben, und an jedem Tage, den wir leben, hat der Tod seinen Anteil. Behalte dies stets im Hinterkopf.

Bedenke heute, dass deine Jugend niemals wiederkehren wird. Sie verlangt nach mutigen Taten, weisen Worten, gerechten Gedanken und einem gemäßigten Leben. Lebe deine Jugend so, dass du im Alter deinen Nachfahren tolle Geschichten erzählen kannst, dein Wissen statt deiner Errungenschaften teilen und du mit ihnen Freude haben kannst. Lebe deine Jugend so, dass du eines Tages zurückblicken und von dir sagen kannst: »Ja, ich habe gut gelebt.« Dies ist ein wundervolles Resümee und beweist dir schlussendlich deinen guten Charakter.

Je mehr wir altern, desto mehr nähern wir uns unserem letzten Tag. Der letzte Tag ist nur unser Todestag – der Geburtstag der Ewigkeit. Vor diesem Tag fürchten sich die meisten, obwohl es dafür keinen Grund gibt. In Wahrheit sterben wir wie gesagt jeden Tag ein wenig mehr, wenn wir nicht darauf achten, diesen Tod auch zu nutzen. Wenn du dann eines fernen Tages alt und grau geworden sein wirst, so bereite dich in deinen Gedanken auf deinen Tod vor. Erwarte ihn wie einen alten Freund, der dich dein Leben lang begleitet hat. Wenn es dann so weit sein wird, begrüße und umarme ihn.

Erwarte das meiste von dir.

Altere jeden Tag in Würde. Beweise dir jeden Tag einen exzellenten Charakter und schreite voran, statt stehen zu bleiben. Erwarte das meiste von dir. Nutze deine Zeit – *carpe diem.* Niemals wird sie wiederkehren. Doch vor allem anderem: Bereue nichts! Verzeihe dir die Fehler der Vergangenheit, und mach es heute dafür besser. Verschwende deine Zeit nicht mit Reue und Schwermut. Lebe! Altern tust du von ganz allein. Genieße dieses kostbare Geschenk.

Dein Seneca

BRIEF 33: ÜBER DIE STILLE

Lieber Leser, liebe Leserin,

für einige Menschen ist Stille unerträglich, für andere ist sie wie Balsam für die Seele. Sich in die Stille zurückzuziehen, kann beängstigend sein. Dort findest du all die Gedanken, die tobenden Emotionen und Erinnerungen wieder. Was also nützt dir eine stille Umgebung, wenn die Stimmung tobend fordert?

In der Stille findest du die Antworten auf deine Fragen. »Wer bin ich? Was ist mein Weg? Was ist meine Aufgabe?« Du findest alles, was du brauchst, in der Stille wieder. Doch verlange nicht vorschnell nach plötzlichen Antworten. Lass die Stille über dich kommen. Ziehe dich zurück in die Stille der Muße, aber lass auch um diese Muße selbst die Stille walten. Meditiere und gib dich der Kontemplation hin. Konzentriere dich auf deinen Atem, während du in der Einsamkeit in dich hineinhorchst. Zu Beginn werden viele Gedanken die Stille füllen. Die meisten dieser Gedanken sind ohrenbetäubend. Nach einer Weile werden sie leiser. Nach einer gewissen Zeit verschwinden sie. Doch fordere nicht von dir, dass es sofort klappt, dass deine Gedanken verschwinden und Ruhe einkehrt. Lass es einfach auf dich wirken und geschehen. Such dir ein ruhiges und stilles Plätzchen, mach es dir bequem und schließe deine Augen. Dann höre in dich hinein.

Die meisten Menschen können diese Stille nicht ertragen. Sie fürchten sich vor ihren Gedanken oder Erinnerungen, davor, die Vergangenheit nicht noch einmal erleben oder die

Wahllosigkeit der aufkommenden Gedanken ertragen zu müssen. Sie misstrauen sich selbst. Doch erkenne, dass deine Gedanken dir nicht schaden können und sie nur eine Ansammlung an Momenten in einem reißenden Fluss sind, von dem du dich nur allzu leichtfertig davontragen lässt. Bleib stattdessen am Ufer sitzen, verweile dort und schaue dem reißenden Fluss der Gedanken zu. Sieh, wie sie kommen, da sind und weiterfließen. Sage dir: »Ich bin jetzt hier«, während du tief und stetig ein- und wieder ausatmest. Für diese tiefe Meditation benötigst du kein Equipment, keine Lehren, keine Bücher, keine Kurse und keinen Meister. Alles, was du brauchst, ist bereits bei dir. Gib dich dieser Stille regelmäßig hin, und du wirst erkennen, dass die Stille dein Freund ist und nicht dein Feind.

Die Stille ist ein wundervoller Begleiter, dem du dich zu jeder Zeit des Tages zuwenden kannst. Du kannst in Stille die Schmerzen und Leiden des Körpers ertragen und erkennen, dass durch die fehlenden Klagen der Schmerz abnimmt. Die Ruhe mildert das Leid. Du kannst in der Stille dem Neid anderer entgehen, wenn du dich ihren Blicken nicht aufdrängst, mit deinen Gütern nicht prahlst und dich damit bescheidest, dich im Stillen zu freuen. Du kannst in Stille anderen oder dir selbst verzeihen und den Ballast vergangener Tage hinter dir lassen. Die Stille vermag es, dir Glück und Frieden zu schenken. Denn in der Stille wirst du im gegenwärtigen Moment leben, statt in der Vergangenheit zu verweilen und in ihr zu leiden, oder erwartungsvoll auf die Zukunft zu hoffen und dort die Enttäuschungen erleben zu müssen. Jetzt, hier in der Stille, bist du bei dir und diesem Moment. Hier findest du das größte Glück des Lebens – zu sein und zu leben.

Die Stille vermag es, dir Glück und Frieden zu schenken.

Doch verwechsle die Stille nicht mit der Einsamkeit. Die Einsamkeit verleitet uns häufig zu verschiedenen Übeln. Die Stille vermag dies nicht zu tun, denn in die Stille kannst du dich zurückziehen, wann immer es dir beliebt und du dich danach fühlst. Der Einsamkeit ist jedoch nur schwer zu entrinnen, da du dich selbst unter vielen einsam fühlen kannst. Mögen wir auch sonst nichts für unsere Seele tun, die Abgeschiedenheit ist doch an und für sich schon von Nutzen, denn wir werden uns bessern, wenn wir allein, aber nicht einsam sind.

Erlaube dir also immer, wenn du es benötigst, die Stille aufzusuchen. Eines Tages, wenn der letzte Vorhang gefallen sein wird, wird dich die unendliche Stille überkommen. Bis dahin aber hast du genug Zeit, gut zu leben, denn das Leben ist lang, wenn du es nur zu gebrauchen verstehst. Nicht das Leben ist ein Gut, sondern gut zu leben. Fang also jetzt an zu leben, und zähle jeden Tag als ein Leben für sich. »Erkenne dich selbst«, steht über dem Orakel von Delphi. Dies kannst du am besten in der Stille tun.

Dein Seneca

DANKSAGUNG

»Nicht die Glücklichen sind dankbar.
Es sind die Dankbaren, die glücklich sind.«

Francis Bacon

Als ich kurz vor dem Ende meines Masterstudiengangs der Betriebswirtschaftslehre stand, traf ich, an einem der letzten Tage des Semesters, meinen Dozenten Herrn Alexander von Reumont zufällig in der Cafeteria. Er fragte mich ganz beiläufig: »Ich muss Sie mal etwas Privates fragen: Langweilen Sie sich nicht hier? Es muss doch unglaublich öde für Sie hier sein.« Ich verstand die Welt nicht mehr. Wieso sollte ich mich langweilen? Ich hatte mich schließlich bewusst für dieses Studium entschieden. Also fragte ich nach, worauf er prompt antwortete: »Ich meine das nicht böse, aber ich glaube, dass jemand wie Sie mit den Dingen hier entweder völlig unterfordert oder gelangweilt sein muss. Erfüllt Sie denn ihr Studiengang?« Ich muss daraufhin irgendetwas vor mich hingestammelt haben. Genau weiß ich es nicht mehr. Erst Jahre später verstand ich, was er meinte. Seine Frage zielte gar nicht so sehr auf meinen Intellekt ab, sondern viel mehr auf die Tatsache, dass all die Studienfächer und das große Ziel der Maximierung von Umsätzen und Gewinnen zukünftiger Jobs meine Seele und mein Herz niemals füllen würden.

Erst Jahre später begegnete ich durch einen bloßen Zufall, wenn es denn so etwas wie einen bloßen Zufall gibt, der Philosophie und insbesondere dem Stoizismus. Als hätte er es damals geahnt! Ich erinnere mich noch an seine Worte: »Ich glaube, ein Master in Philosophie wäre ein erfüllender Weg für Sie. Geld verdienen können Sie auch mit einem solchen Abschluss.« Ich war damals zu engstirnig und meine Scheuklappen zu eng geschnallt, als dass ich diese Weisheit hätte verstehen können. Ich verdanke Herrn Alexander von Reumont meinen ersten Tritt in die richtige Richtung, hin zur Philosophie, einem tugendhaften Leben und der Antwort auf die Frage: »Wer, zum Henker, bin ich eigentlich?« Rückblickend: Ich kann Ihnen nicht genug danken.

Mein Dank gilt auch Sergeant First Class Patrick Gilmore, der mich dazu brachte, die alte Literatur der Stoa zu wälzen und mein Leben komplett auf den Kopf zu stellen. Ich hoffe, dass ich meinen Beitrag zurückzahle, indem ich, wie versprochen, weitergebe, was ich lernen durfte. Ich danke dir.

Ich habe bisher in sieben Büchern sieben Danksagungen verfasst und werde sicherlich noch viele weitere schreiben. Bevor ich mich also wieder einmal wiederhole, fühlt euch bitte alle angesprochen, fest geknuddelt, geknutscht und umarmt. Danke für eure Unterstützung. Ihr seid spitze.
Vielen Dank!

Euer Niclas Lahmer

QUELLEN

Aristoteles. Nikomachische Ethik. Übersetzt von Ursula Wolf. 8. Auflage. Hamburg/Berlin: Rowohlt Taschenbuch, 2006.

Aristoteles. Politik. Herausgegeben von Otfried Höffe. 2. Auflage. Berlin: De Gruyter, 2011.

Armisen-Marchetti, Mireille. »Imagination and Meditation in Seneca: The Example of Praemeditatio.« In Oxford Readings in Classical Studies: Seneca, herausgegeben von John G. Fitch, S. 102–113. Oxford: Oxford University Press, 2008.

Arius Didymus. Epitome of Stoic Ethics. Übersetzt von Arthur J. Pomeroy. Atlanta: Society of Biblical Literature, 1999.

Asmis, Elizabeth. »Cicero on Natural Law and the Laws of State«, Classical Antiquity 27, Nr. 1 (2008): S. 1–33.

Aurel, Marc. Marcus Aurelius. Herausgegeben und übersetzt von C. R. Haines. Loeb Classical Library. Cambridge, MA: Harvard University Press, 1916.

Aurel, Mark. Selbstbetrachtungen. In einer Neuübersetzung von Gregory Hays. München: FinanzBuch Verlag, 2020.

Bartsh, Shadi und Alessandro Schiessaro (Hrsg.). The Cambridge Companion to Seneca. New York: Cambridge University Press, 2015.

Becker, Lawrence C. A. Modern Stoicism. 2. Auflage. Princeton: Princeton University Press, 2017.

Bobzien, Susanne. Determinism and Freedom in Stoic Philosophy. Oxford: Oxford University Press, 2001.

Brennan, Tad. The Stoic Life: Emotions, Duties, and Fate. Oxford: Oxford University Press, 2005.

Brower, Rene. The Stoic Sage: The Early Stoics on Wisdom, Sagehood and Socrates. Cambridge: Cambridge University Press, 2014.

Buzare, Elen. Stoic Spiritual Exercises. Lulu: 2011.

Cicero. De Officiis/Vom pflichtgemäßen Handeln. Übersetzt von Heinz Gunermann. Stuttgart: Reclam, 1986.

Edwards, Catharine. »Free Yourself! Slavery, Freedom, and the Self in Seneca's Letters.« In Seneca and the Self, herausgegeben von Shadi Bartsch und David Wray, S. 139–159. Cambridge: Cambridge University Press, 2009.

Edwards, Catharine. »Absent Presence in Seneca's Epistles: Philosophy and Friendship.« In The Cambridge Companion to Seneca, herausgegeben von Shadi Bartsch und Alessandro Schiessaro, S. 41–53. New York: Cambridge University Press, 2015.

Emmons, Robert A. und Michael E. McCullough (Hrsg.). The Psychology of Gratitude. New York: Oxford University Press, 2004.

Epiktet. Handbüchlein der Moral und Unterredungen. 3. Auflage. Zürich: Diogenes, 1995.

Epiktet. Über die Kunst der inneren Freiheit. Alte Weisheiten für ein Leben nach der Stoa. Herausgegeben und mit einer Einleitung versehen von A. A. Long, übersetzt von Nicole Hölsken. München: FinanzBuch Verlag, 2019.

Epiktet. Handbüchlein der Moral. Übersetzt von Kurt Steinmann. Stuttgart: Reclam, 2019.

Epicurus: The Extant Remains. Überarbeitet und übersetzt von Cyril Bailey. Oxford: Clarendon Press, 1926.

Farnsworth, Ward. Der praktizierende Stoiker. Ein philosophisches Handbuch für den Verstand. München: FinanzBuch Verlag, 2021.

Fideler, David. Restoring the Soul of the World: Our Living Bond with Nature's Intelligence. Rochester, VT: Inner Traditions, 2014.

Harpham, Edward J. »Gratitude in the History of Ideas.« In The Psychology of Gratitude, herausgegeben von Robert A. Emmons und Michael E. McCullough, S. 19–36. New York: Oxford University Press, 2004.

Hierokles. Siehe Ramelli, Hierocles the Stoic: Elements of Ethics, Fragments, and Excerpts.

Hill, Lisa und Prasanna Nidumolu. »The Influence of Classical Stoicism on John Locke's Theory of Self-Ownership«, History of the Human Sciences (May 2020): S. 1–22.

Holiday, Ryan. Disziplin – Die Macht der Selbstkontrolle. München: FinanzBuch Verlag, 2022.

Holowchack, M. Andrew. The Stoics: A Guide for the Perplexed. New York: Continuum, 2008.

Honoré, Tony. Ulpian: Pioneer of Human Rights. 2. Ausgabe Oxford: Oxford University Press, 2002.

Horowitz, Maryanne Cline. »The Stoic Synthesis of Natural Law in Man: Four Themes«, Journal of the History of Ideas 35, Nr. 1 (1974): S. 3–16.

Inwood, Brad. Reading Seneca: Stoic Philosophy at Rome. Oxford: Clarendon Press, 2005.

Inwood, Brad. Siehe Seneca, Selected Philosophical Letters.

Irvine, William B. On Desire: Why We Want What We Want. New York: Oxford University Press, 2006.

Irvine, William B. Eine Anleitung zum guten Leben. Wie Sie die alte Kunst des Stoizismus für Ihr Leben nutzen. München: FinanzBuch Verlag, 2020.

Irvine, William B. Von der Herausforderung, ein Stoiker zu sein. Ein philosophisches Handbuch für mehr Stärke, Seelenruhe und Resilienz. München: FinanzBuch Verlag, 2022.

Nussbaum, Martha. The Therapy of Desire: Theory and Practice in Hellenistic Ethics. Princeton: Princeton University Press, 1994.

Pigliucci, Massimo. How to Be a Stoic: Using Ancient Philosophy to Live a Modern Life. New York: Basic Books, 2017.

Platon. Die Apologie des Sokrates. Hamburg: AD FONTES Klassikerverlag, 2016.

Plato. Euthyphro. Apology. Crito. Phaedo. Phaedrus. Translated by Harold North Fowler. Loeb Classical Library. Cambridge, MA: Harvard University Press, 1914.

Plutarch. »Ob es eine richtige Vorschrift sei: ›Lebe im Verborgenen‹. (Gegen Epikur.)« In Plutarch, Moralia, Wiesbaden: marix Verlag ein Imprint von Verlagshaus Römerweg, 2012, S. 866 ff.

Ramelli, Ilaria. Hierocles the Stoic: Elements of Ethics, Fragments, and Excerpts. Atlanta: Society for Biblical Literature, 2009.

Ranocchia, Graziano. »The Stoic Concept of Proneness to Emotion and Vice«, Archiv für Geschichte der Philosophie 94, Nr. 1 (2012): S. 74–92.

Richter, Daniel S. Cosmopolis: Imagining Community in Late Classical Athens and the Early Roman Empire. New York: Oxford University Press, 2011.

Robertson, Donald. »The Stoic Influence on Modern Psychotherapy.« In The Routledge Handbook of the Stoic Tradition, hrsg. von John Sellars, S. 374–388. London: Routledge, 2017.

Robertson, Donald. Denke wie ein römischer Herrscher. Die stoische Philosophie des Mark Aurel. München: FinanzBuch Verlag, 2019.

Romm, James. Dying Every Day: Seneca at the Court of Nero. New York: Knopf, 2014.

Seneca. Briefe an Lucilius über Ethik. Aus dem Lateinischen übersetzt von Heinz Gunermann, Franz Loretto und Rainer Rauthe. Herausgegeben, kommentiert und mit einem Nachwort versehen von Marion Giebel. Stuttgart: Reclam 2018.

Seneca. Selected Letters. Übersetzt von Elaine Fantham. Oxford: Oxford University Press, 2010.

Seneca. Selected Philosophical Letters. Übersetzt und kommentiert von Brad Inwood. Oxford: Oxford University Press, 2007.

Seneca. De Clementia/Über die Güte. Übersetzt und herausgegeben von Karl Büchner. Stuttgart: Reclam 1970.

Seneca. Naturales quaestiones/Naturwissenschaftliche Untersuchungen. Übersetzt und herausgegeben von Otto und Eva Schönberger. Stuttgart: Reclam, 1998.

Seneca. De ira/Über die Wut. Übersetzt und herausgegeben von Otto und Eva Schönberger. Stuttgart: Reclam, 2007.

Seneca. De tranquillitate animi/Über die Ausgeglichenheit der Seele. Übersetzt und herausgegeben von Heinz Gunermann. Stuttgart: Reclam, 2018.

Seneca. De vita beata/Vom glücklichen Leben. Übersetzt und herausgegeben von Fritz-Heiner Mutschler. Stuttgart: Reclam, 2019.

Seneca. De otio/Über die Muße/De providentia/Über die Vorsehung. Übersetzt und herausgegeben von Gerhard Krüger. Stuttgart: Reclam, 2021.

Seneca. Von der Kürze des Lebens. Übersetzt von Marion Giebel. Stuttgart: Reclam, 2020.

Seneca. Vom glückseligen Leben und andere Schriften. Übersetzt von Ludwig Rumpel. Stuttgart: Reclam, 2021.

Seneca. Trostschriften. Herausgegeben von Karl-Maria Guth. Berlin: Hofenberg, 2016. Der Text dieser Ausgabe folgt: Seneca. Ausgewählte Schriften. Übersetzt und erläutert von Albert Forbiger. Stuttgart: Hofmann, 1867.

Sherman, Nancy. »Aristotle on Friendship and the Shared Life.« Philosophical and Phenomenological Research 47, Nr. 4 (1987): S. 589–613.

Solomon, Robert C. Foreword. In The Psychology of Gratitude, herausgegeben von Robert A. Emmons und Michael E. McCullough, S. v–xi. New York: Oxford University Press, 2004.

Stephens, William O. »Epictetus on How the Stoic Sage Loves«, Oxford Studies in Ancient Philosophy 14 (1996): S. 193–210.

Stephens, William O. Stoic Ethics: Epictetus and Happiness as Freedom. New York: Continuum, 2007.

Stephens, William O. Marcus Aurelius: A Guide for the Perplexed. New York: Continuum, 2012.

Tieleman, Teun. Chrysippus' On Affections: Reconstruction and Interpretation. Leiden: E. J. Brill, 2003.

Watkins, Philip C. Gratitude and the Good Life: Toward a Psychology of Appreciation. Dordrecht: Springer, 2014.

Wilson, Emily. The Greatest Empire: A Life of Seneca. New York: Oxford University Press, 2014.

Wood, Nathan. »Gratitude and Alterity in Environmental Virtue Ethics«, Environmental Values 29, Nr. 4 (2020): S. 481–498.

Der echt heiße Scheiß von Seneca

Niclas Lahmer

In einer Welt, die vor lauter Veränderung kaum mehr Sicherheiten kennt treiben Selbstzweifel, Unsicherheit und der Drang, sich selbst zu optimieren viele Menschen in die Arme von Blendern und selbsternannten Gurus. Nicht nur die jüngere Generation ist davon geprägt. Bestsellerautor Niclas Lahmer zeigt, warum auch 2300 Jahre nach der Entstehung des Stoizismus dessen Lehren immer noch einen Ausweg, ohne Druck, Stress, soziale Norm und Lügen, bedeuten und helfen können, unser Leben zu meistern. Wie also lässt sich ein erfolgreiches Leben leben und wie kann man sich gleichsam von Enttäuschungen, Zweifeln und Ängsten befreien? In den Gesprächen mit Seneca zeigt Lahmer, wie jeder von uns mithilfe des geistigen Mentors Seneca sein Leben für immer verändern kann.

304 Seiten | Hardcover | 18,00 € (D) | 18,60 € (A) | ISBN 978-3-95972-444-9